KB005176

무엇이
　　삶을
예술로
　만드는가

# 무엇이 삶을 예술로 만드는가

일상을 창조적 순간들로
경험하는 기술

프랑크 베르츠바흐 지음 | 정지인 옮김

불광출판사

나
돛단배에 앉아
노를 젓네.

–

피에로 페루치

◆

어떻게 하면
뱃사공에서 항해사로,
제작자에서 창작자로,
틀에 박힌 사람에서
창조적인 사람으로 바뀔 수 있을까?

–

니클라우스 브란첸

- 본문의 각주는 옮긴이의 것이다.
- 단행본은 『 』, 단편은 「 」, 영화와 방송프로그램 및 앨범 등은 〈 〉로 표기했다.
- 국내 출간된 단행본은 국내 도서명으로 옮겨 적고, 그 외에는 원제를 병기했다.

몇 달 전부터 내 사무실 에스프레소 머신 옆에는 작은 찻잔이 하나 놓여 있다. 프랑크 베르츠바흐가 선물해준 이 작은 찻잔은 내가 업무 회의와 전자우편과 원고에 파묻혀 허덕일 때마다 "가서 차나 한 잔 마셔요!" 하고 소리치는 것 같다.

그 말은 제자들이 인생에 관한 중요한 질문을 던질 때 선 스승들이 건네는 충고라고 한다. 물론 그 답은 차 속의 카페인에 있는 것이 아니라 차를 마시며 얻는 차분함과 거리두기, 내려놓음에 있다. 그런 것들이야말로 창조적인 일을 하며 보내는 일상에서 무엇보다 어렵게 느껴지는 일들이다. 우리는 일만 하려고 태어난 사람처럼 살고 있고, 우리의 일상을 지배하는 마감 기한들은 점점 저녁 시간까지 잠식해 들어온다. 프랑크 베르츠바흐의 성공작 『창조성을 지켜라』의 마지막 장 제목이 '일하지 말라'

였던 것도 그 때문이다. 휴식은 삶의 한 부분을 차지하며, 창조적 직업을 가진 사람들의 삶에서도 엄연히 한 부분이니 말이다.

그 책을 내고 얼마 후 프랑크가 마음챙김에 관한 책을 쓰겠다고 말했을 때 우리는 그 말이 떨어지기가 무섭게 쌍수 들어 반겼다. 그리고 앉은자리에서 우리는 그때까지 출판 분야에서는 상상도 할 수 없었던 사항들을 약속했다. 우선 어떤 일정도 미리 정해두지 않기로 했다. 출간을 미리 알리는 일도, 표지를 미리 공개하거나 박람회용 소개책자 같은 것을 만드는 일도 없을 것이다. 대신 그 사이에 많은 시간이 있었다. 우리가 전혀 소식을 주고받지 않은 채 몇 달이 흘러갔다. 그리고 편지가 있었다. 그렇다. 집배원이 던져주고 가는 것이지만 청구서는 아닌, 그 구식 편지 말이다. 만년필로 쓴 편지였고, 잉크색은 때와 분위기에 따라 달라졌다. 프랑크가 최근에 마무리한 챕터의 원고를 보내주면 나는 주말이나 휴가 때에도 그걸 프린트해서 가지고 갔다. 프랑크는 원고를 보낼 때마다 그 즈음 자기가 제일 좋아하는 차의 시음용 샘플도 함께 보내주었다. 논평들이 나오고 제안들이 오고가는 가운데 프로젝트는 그렇게 조금씩 자라났다. 천천히. 그리고 조심스럽게.

크리스마스 세일 때에도 도서박람회 때에도 우리는 성급해하지 않았다. 그건 이미 서로 약속한 사항이었다. 그리고 마침내 원고가 완성되었다. 『창조성을 지켜라』 때 책의 외형을 멋지게 만들어주었던 카트린 샤케가 그 무렵 다시 합류했다. 아직은 제목도 표지 문구도 정해지지 않았을 때였다. 천천히 꼼꼼하게 원고를 읽고 난 카트린은 내면의 소리에 귀를 기울이더니 시안 하나를 (그렇다. 딱 하나였다!) 제출했다. 그때부터는 모든 게 속전속결로 진행되었다.

언젠가 해리 벨라폰테가 했던 "나는 30년을 보내고 난 뒤 하룻밤 사이에 유명해졌다."라는 말이 떠오른다. 출판업계의 고정관념들을 따랐다면 이 책은 지금 여러분 손에 들어가지 못했을 것이다. 그러나 이 책은 이렇게 떡하니 놓여 있다. 기대하셔도 좋다. 고요한 대화와 잔잔한 사색에 여러분을 초대한다. 그리고 우리의 인생을 점점 더 다급하게 몰아가는 불문율들에 철저하게 의문을 던져보기를 권한다. 또한 한낱 업무 회의 때문에 자신의 인생이라는 가장 중요한 프로젝트를 등한시하지 말기를.

우리는 이 책을 만들면서 많은 것을 배웠다. 그중 하나는 '아니'라고 말하는 것이다. 모든 기대와 관례에 부응할 필요는 없다. 그리고 일에서 더 큰 재미를 얻을 수 있다는 것도 배웠다. 모두 프랑크 베르츠바흐 덕분이다. 프랑크, 우리는 당신을 알게 되어 정말 행복하답니다. 고마워요!

카린과 베르트람 슈미트 – 프리데릭스

차례

# 3_ 창조는 고요하게 이루어진다

# 4_ 때로는 절망도 힘이 된다

# 5_ 창조성을 향상시키는 기술

# 6_ 영혼을 위한 휴가

## 네 개의 벽 사이인가,
## 하늘과 땅 사이인가?

우리가 이 세상에 존재하고 있다는 것은 굉장한 일이다! 사실 그건 일어날 가능성이 무척이나 희박한 사건이었다. 두 사람이 서로 만나 여성 인체의 가임 기간이라는 아주 좁다란 시간의 틈새 안에서 서로 사랑을 나누었고, 다른 수백만 개의 정자보다 훨씬 빨랐던 정자에서 우리가 만들어진 것이다. 신은 우리의 멱살을 잡아 낙원에서 쫓아냈다. 우리가 선악과를 베어 먹고 선과 악을 구별할 수 있게 되었기 때문이다. 그러나 바로 그 죄 덕분에 우리는 신과 '같은 모습'이 된 것이다.

동아시아의 관점에서 보자면 살아 있음을 기뻐해야 할 이유는 더 많다. 붓다는 사람으로 다시 태어난다는 것은 극도로 일어나기 힘든 일임을 강조했다. 지난 생에서 대단히 훌륭한 사람이었어야만 이번 생에 사람으로 살아갈 수 있고, 그렇지 않았다면 A4 사이즈의 대량 사육 농장에 갇혀 있거나, 다큐멘터리 〈지구생명체Earthlings〉*의 주인공 중 하나로 살아가게 될 거라는 것이다. 그러나 지금 이 책을 읽고 있는 여러분은 세계에서 가장 부유한 나라 중 한 곳에 살고 있을 테고, 여러분의 직업은 아마도 이 복지국가에서도 가장 좋은 직업들 중 하나, 그러니까 창조적인 노동으로 수입을 얻는 그런 직업일 것이다.

그런 삶은 어느 모로 보나 하나의 선물이라고 보아도 무방할 것이다. 생물학이든 우연이든 신이든 전생이든, 우리가 어디서 자신의 기원을 찾든 간에 거기서 우리 자신이 한 역할은 없다. 아무도 우리에게 이 인생을 원하느냐고 묻지 않았다. 앤디 워홀은 일기장에 "사람이 태어나는 것은 흡사 유괴되는 것과 같다."고 썼다. 우리는 생의 첫 2~3년에 대해서는 아무것도 기억하지 못하며, 우리를 보살펴주는 다른 사람들이 없었다면 살아남지도 못했을 것이다. 우리가 아직 살아 있는 것은 다른 사람들의, 대개는 우리 부모님들의 도움 덕분이다.

그로부터 우리가 어떤 것을 만들어내는지는, 창조적 활동을 하든 그렇지 않든 간에 전적으로 우리 자신에게 달린 일이다. 그것도 단순히 우리 자신의 일이기만 한 것이 아니라 우리에게

---

◆　인간이 자신들의 목적과 이익을 위해 동물들을 착취하는 실상을 고발한 숀 몬슨 감독의 다큐멘터리 영화.

무엇보다도 중요한 일이다. 우리가 항상 자기 운명을 결정할 수 있는 것은 아니지만, 단순히 환경의 희생자이기만 한 것은 더욱 아니다. 이 책에서는 삶과 창조성과 일과 관련하여 우리가 영향력을 행사할 수 있고, 우리가 할 수 있는 몫에 초점을 맞춘다. 그리고 그 몫은 추측컨대 여러분이 알고 있는 것보다 훨씬 더 클 것이다.

안타깝게도 일상 속에서 우리는 그 점을 잊고 지낸다. 호기심 많은 아이들의 질문에 머리를 한 대 얻어맞거나 삶의 위기가 닥쳐왔을 때에야 비로소 우리는 근본적인 통찰로 시선을 돌린다. 자기 인생이 마음에 들지 않거나 삶이 잘 풀리지 않을 때면 늘 이런 질문이 떠오른다. "어떻게 살아가야 하는 거지?" 사람들은 수천 년 동안 그 답을 찾으려고 애써왔다. 하르트무트 폰 헨티히는 지적인 사람이란 "해야 하는 일을 행하는 사람"이라고 규정했다. 그런데 이 책은 창조성을 근본적인 삶의 방식으로 삼은 사람들에게 초점을 맞추고 있다. 폰 헨티히는 이런 사람들을 자기가 "하고자 하는 일을 행하는 사람"이라고 표현했다. 그러므로 이 책이 던지는 근본적인 질문 중 하나는 '우리는 어떻게 살고자 하는가?'이다. 스스로 이 질문을 던져보면 그것만으로도 관점이 달라지는 것을 느낄 것이다. 이 질문은 '삶의 의미'를 묻는 질문보다 더 도발적이고 더 현명하고 더 고무적이다.

앞으로 우리는 창조적인 일을 하는 사람들에게 도움이 되는 경험들은 어떤 것인지 살펴볼 것이다. 그 과정에서 철학자들과 인습을 타파한 과학자들, 신비주의자들 그리고 세계 여러 종교의 저술가들을, 다시 말해서 누구나 인정할 만한 창조적인 인물들을 참조하게 될 것이다.

창조성이란 경제적 과정이라기보다는 정신적 과정이다. 정신이란 라틴어로 '스피리투스Spiritus'이므로, 정신을 주제로 다루면서 '영성Spiritualität'을 빠트린다면 일차원적인 논의에 그치게 된다. 우리가 창조성이라고 부르는 것은 바로 이런 영성을 포함하는 정신에서 생겨났다. 수많은 학문이 존재하지만 창조성이 어디에서 오는 것인지에 관해서는 아직까지 그 어떤 학문도 설득력 있게 밝혀주지 못했다. 그러므로 여기서도 명확한 처방전이나 해법을 제시해주지는 못한다. 또한 여러분이 종교를 바꾸게 될 일도 없을 것이다!

여기서 다룰 내용은 창조성에 도움이 될 만한 테크닉도, 뇌 연구에서 나온 지식도 아니다. 비록 나의 첫 책『창조성을 지켜라』에서는 몇 가지 유행과 트렌드를 거치고도 살아남은 앎의 양식들을 다루었지만 말이다. 여기서 여러분은 '시대에 뒤떨어진' 주제들에 새로운 시사성을 부여하려는 나의 시도를 보게 될 것이다. 이것은 여러분의 삶과 노동의 방식에 유용할 뿐 아니라 여러분을 깊은 고찰로 안내할 것이다. 니체는『인간적인, 너무나 인간적인』에서 "일단 한 번 선택한 길을 끈질기게 고수하는 사람은 많지만, 목표를 끈질기게 추구하는 사람은 별로 없다."고 말했다. 나는 창조적 삶이라는 목표에 더 가까이 다가가게 해줄 새로운 길들을 알려주려고 한다. 사실 그 길들은 안타깝게도 사람들이 잘 잊어버리는 오래된 길들이다.

창조성을 위해서는 잠시 멈추는 것이 중요하다. 그렇지 않으면 창조성은 네 벽으로 둘러쳐진 사무실 안에서만 존재할 수 있는 것이 된다. 창조성은 단순히 전문적인 문제 해결에 그치는 것이 아니다. 삶과 노동은 하늘과 땅 사이에서 펼쳐지는 일이다. 그러니 디자인할 공간은 충분히 넓다. 어쩌면 프란츠 카프카의 말이 맞았는지도 모른다. "목적지는 있지만 길은 없다. 우리가 길이라 부르는 것은 머뭇거림일 뿐이다."

# I

⋮

어떻게
삶을
살아갈 것인가

## 오직 당신만이 인생을 바꿀 수 있다

자기 삶의 방식을 스스로 책임지고 만들어가야 할 때 우리는 종종 머뭇거린다. 그러는 데는 감춰진 불안이나 무기력, 비관주의 등 여러 이유가 있다. 신문을 슬쩍 들여다보기만 해도 이제 이 세상은 구제할 길이 없다는 생각이 머리를 든다. 게다가 우리는 스캔들과 문제점에만 집착하는 대중매체에 더 쉽게 빠져든다. 그리고 유감스럽게도 우리가 세상에 대해 알고 있는 지식의 상당 부분이 바로 이런 매체들에서 얻은 것들이다. 실제 상황이 개선되었다고 하더라도, 대체로 나이가 들수록 비관적인 태도는 더 심해진다. 예술가들의 경우에도 후기 작품으로 갈수록 더 어둡다. 색채와 생명이 주는 기쁨이 빛을 뿜어내는 앙리 마티스의 후기 작품들 정도가 반가운 예외이다. 그의 후기작들은 더욱 집중되어 있고 더욱 본질적으로 변했으며, 창조력으로 번뜩인다. 동시대 화가들에 대해서 줄곧 악평만 해대던 파블로 피카소도 앙리 마티스는 살아 있는 화가 중 가장 의미 있는 사람이라고 여겼다. 어떤 식인지는 몰라도 그는 제대로 된 삶을 살았던 것이 분명하다! 그런데 왜 대부분의 사람들은 빛이 끝나는 곳에서 시작되는 터널만을 보는 것일까?

"누군가 요제프 K.를 모함한 게 틀림없다. 아무 잘못도 저지르지 않은 그가 어느 아침 느닷없이 체포된 것을 보면." 프란츠 카프카의 『소송』은 이렇게 시작된다. 카프카는 숨통을 조이듯 답답한 이 소설로 소시민 세계의 음울한 심리 상태를 정밀하게 조명해냈다. 그들은 끊임없이 스스로를 죄 지은 존재로 여기고, 그 때문에 몰락에 접어든 것처럼 보인다. 서구 문명에는 원죄 의식이 하나의 특징으로서 새겨져 있고, 교회는 오랜 세월 동안 도덕을 빙자해 사람들을 괴롭히고 불안하게 만드는 데 그 개념을 이용해왔다(미하엘 하네케는 걸작 〈하얀 리본Das Weiße Band〉에서 이를 적나라하게 보여주었다).

　　이러한 문화적 각인은 우리의 일상 곳곳에 영향을 미치는데, 때로는 무신론자를 자처하는 사람들마저도 그 영향에서 자유롭지 않다. 다른 것들로 신을 대체한 사람들도 많다. 그들이 믿는 것이 이성이든 돈이든 성취이든 상관없다. 결국 중요한 것은 수많은 사람들이 자신이 죄가 있다고 느끼며 무거운 죄책감을 짊어지고 산다는 것이다. 성취한 일이 너무 적거나, 돈을 너무 적게 벌었거나, 자기 목표를 달성하지 못했거나, 책을 읽을 시간이 너무 적거나, 그 이유가 무엇이든 간에 말이다. "죄의식은 해소되지 않는 괴로움에 대한 반응이자, 무시무시한 공격성의 뿌리가 되는 경우도 적지 않다. 또한 그러한 공격성은 전혀 다른 방식으로 합리화되기도 한다." 종교학자 미하엘 폰 브뤼크의 말이다. 죄의식은 자신을 겨누는 공격성이다.

　　잘못한 게 전혀 없는데도 자기가 죄가 있다고 느끼는 사람은 더 이상 어떤 행동도 할 수 없게 된다. 『소송』의 주인공도 처음에는 사태를 해결하려고 발버둥을 치지만, 결국에는 자진해서 처형장으로 간다. 죄에 저항한다는 것은, 아무리 그 죄를 입

증할 증거가 없다고 하더라도 무의미한 싸움이기 때문이다. 심리학자들은 이러한 현상을 '학습된 무기력'이라고 부른다. 나아지리라는 희망이 전혀 없다고 생각하는 사람은 더 이상 저항조차 하지 않게 되는 것이다. 그런 사람들도 여전히 핵전력을 공급받고, 저렴한 값에 고기를 사먹고, 스포츠 유틸리티 자동차를 타고 돌아다닐 수 있다. 많은 사람들은 어차피 우리가 바꿀 수 있는 것은 아무것도 없다고 암시하는 대중매체들에게 고마움을 느낀다. 그렇게 믿기만 한다면 더 생각할 것도 없이 속 편히 지낼 수 있다. 우리는 비관론에 휘둘리지 않는 사람들을 다소 경멸적으로 '좋은 사람들'이라고 부른다. 그러나 바로 그들이야말로 자신의 인생을 스스로 책임지고 우리가 사는 세상을 몰락으로부터 구해낼 사람들이다.

자기 인생의 방식을 스스로 만들어가고자 하는 사람이라면 먼저 명확한 관점부터 갖추어야 한다. 한쪽으로 치우치면 머뭇거리게 된다. 캘리그래퍼이자 선 스승이며 가톨릭 신부인 칼 오버마이어는 이렇게 썼다. "어두운 측면이라면 모조리 거부하고 떨쳐내고 인정하지 않으려는 사람들도 많지만 부정적인 측면만 보는 사람들도 있다. 비관론자들은 이렇게 말한다. '만사에는 두 가지 측면이, 그러니까 두 가지 어두운 측면이 있다.' 그러니 모든 게 어두컴컴하기만 한 것이다."

펑크록 뮤지션이자 몬스터 영화 제작자였고, 지금은 서구에서 가장 독특한 선 스승 중 한 사람인 브래드 워너는 한때 "세계가 지옥으로 가는 추월 차선을 달리고 있다고 확신했었다." 그러나 『하드코어 선Hardcore Zen』의 에필로그에서는 이렇게 썼다. "세계는 스스로 변화한다. 만물은 스스로 향상된다. (…) 오래도록 몸에 밴 비관주의를 떨쳐낸다는 것이 세상의 병폐들을 못 본 척하는 것을 의미할까? 그렇지 않다. 그것은 한참 빗나간 생각이다. 불합리한 것을 알아보고 그것을 지적하는 것만으로도 상황을 개선하는 데 큰 도움이 된다. 당신은 자신의 인생을 바꿀 수 있고, 또한 반드시 그래야 한다. 그 일을 할 수 있는 것은 오직 당신 자신뿐이기 때문이다. 어떤 스승도 당신의 인생을 바로 세워줄 수 없다. 어떤 선사도 당신에게 길을 제시해줄 수 없다. 지금 당신이 살고 있는 그곳을, 신조차 그보다 나은 것을 상상할 수 없을 만큼 매혹적인 곳으로 만들 수 있는 힘은 오직 당신만이 갖고 있다."

**세계는 우리에게 아무 관심이 없다**

툭하면 불만을 터뜨리거나 좌절하는 사람이라면 자기 인생을 변화시켜야 한다. 그러지 않으면 자신뿐 아니라 주변 사람들에게도 고통만 안겨주는 존재가 된다. 창조적인 사람들은 실제 세계에 대한 불만을 토대로 자신의 인생을 만들어나간다. 그러니까 지금까지의 해결책들은 미흡하고 해로우며 제 역할을 못한다고 여기는 사람들만이 창조적인 활동에 발 벗고 나서는 것이다. 이 논리는 인생에도 그대로 적용된다.

그 범위는 스크린이나 카메라나 생산품에만 한정되지 않는다. 인생을 변화시킬 도구는 컴퓨터 화면의 메뉴 바에서처럼 쉽게 골라 쓸 수 있는 것이 아니다.

많은 경우 불만의 원인은 지극히 사소하다. 시간이 너무 부족하다거나, 도무지 자유를 누릴 수 없다거나, 돈이 너무 없다거나, 아니면 다른 사람들과 또는 자기 자신과의 관계 문제이다. 불만감의 근원이 정확히 무엇이며, 구체적인 원인은 어디에 있는지 알 수 없는 경우도 많다. 문제에 가까이 다가가면 더 이상 문제로 보이지 않을 수도 있지만, 어떻게 해야 하는지가 분명히 보일 수도 있다. 둘 다 아니라면, 그 문제 때문에 병에 걸리기 전에 어서 해결책을 찾아야 한다. 새로운 직업을 구할 수도 있고, 돈의 의미나 자신의 소망에 대해 깊이 생각해보거나 주변 사람들을 새로운 사람들로 바꿀 수도 있다.

인생에는 늘 변화와 갈등과 함께 어려운 시절이 찾아오기 마련이고, 그런 시기를 겪고 나면 흉터가 남기도 하지만 새롭게 시작할 계기가 되기도 한다. 갑자기 나쁜 일이 닥쳐오는 것이 오히려 유익한 경우도 많다(물론 그것은 나중에 돌이켜 볼 때에야 알 수 있겠지만). 노인들은 종종 "그것이 어디에 쓸모가 있을지는 아무도 모른다."고 말한다. 우리는 그런 말을 귀담아 듣지 않을 뿐 아니라, 그런 말이 도움이 된다고 생각하지도 않는다. 하지만 그 지혜로운 말은 오랜 인생 경험에서 나온 것이다. 그 격언의 골자는, 우리가 자기 인생을 전체적으로 완전히 조망할 수 없는데도 자신의 판단을 지나치게 진지하게 받아들인다는 것이다. 미하엘 폰 브뤼크의 책 『우리는 어떻게 살 수 있을까?Wie können wir leben?』에는 이러한 상황을 잘 예시하는, 중국에서 전해지는 이야기가 담겨 있다.

중국의 어느 마을에 아주 훌륭한 백마를 가진 노인이 살고 있었다. 영주까지도 시샘할 정도로 아름다운 말이었다. 노인은 아주 가난했지만, 그 말을 친구처럼 여겼기 때문에 말을 팔지 않았다. 그러던 어느 날 아침 말이 사라져 버렸다. 그러자 마을 사람들은 이렇게 말했다. "언젠가는 그 말 도둑맞을 줄 알았어요. 어르신, 이 변고를 어쩝니까!" 노인은 "그리 멀리 가지는 못했을 걸세." 하고 대답했다. "말이 지금 마구간 안에 없는 것은 사실이지만, 나머지는 다 자네들 판단일 뿐이네. 그것이 불행인지 행운인지는 아무도 모르지." 2주 후 숲까지 달아났던 백마는 한 무리의 야생마들을 데리고 돌아왔다. 마을 사람들이 말했다. "어르신 말이 맞았어. 정말 불행이 아니라 행운이었군!" 그 말에 노인은 이렇게 대답했다. "자네들은 이번에도 너무 멀리 나가는군. 명백한 것은 말이 다시 돌아왔다는 사실뿐이네." 노인에게는 아들이 한 명 있었는데, 그 아들은 이제 말들을 데리고 일을 하기 시작했다. 그러나 채 하루가 다 가기도 전에 아들은 말에서 떨어져 두 다리가 부러지고 말았다. "어르신 말씀이 맞았네요. 그건 불행이었어요. 늙으면 보살펴줄 유일한 아들이 다리를 쓸 수 없게 되다니요." 그 말에 노인은 말했다. "자네들 또 너무 나가는군. 그냥 내 아들의 다리가 부러졌다고만 말하게. 그 일이 재앙일지 축복일지 누가 안단 말인가?" 그리고 얼마 안 가 전쟁이 터졌다. 나라 안의 젊은이들은 모두 군대에 가야 했다. 그러나 노인의 아들은 다리를 쓸 수 없었기 때문에 고향에 남게 되었다. 마을 사람들은 말했다. "그 불행이 축복이었다니, 어르신 말씀이 옳았네요." 그 말을 듣고 노인은 말했다. "자네들은 왜 그렇게 판단에 집착하나? 자네들 아들은 군대에 끌려갔고 내 아들은 가지 않았다는 것만이 맞는 말이네. 이 일이 축복인지 불행인지 누가 어떻게 안단 말인가?"

우리의 인지는 사건에 대한 감각적 파악과 그에 대한 해석, 마지막으로 그 해석에 따르는 감정이라는 세 단계로 이루어진다. 대체로 사건 자체는 좋은 것도 나쁜 것도 아닌, 그저 그러한 것일 뿐이다. 비가 내린다는 사건에 대해서는 이론의 여지가 없지만 그에 대한 해석은 다양하다. 비가 와서 정원의 화초에 물을 주지 않아도 되니 좋다고 할 수도 있다. 그런가 하면 정원에서 차를 마실 수 없게 됐다고 짜증을 내는 사람도 있을 수 있다. 우리가 느끼는 감정은 사건 자체가 아니라 그에 대한 우리의 해석에서 나온다. 노인은 사건들에 대해 섣부른 판단을 내리지 않았기 때문에 침착함을 유지할 수 있었다. 우리가 화의 원인을 사건들 자체에서 찾으려고 하는 것은 인지의 세 단계가 너무 신속

당신은 자신의 인생을
바꿀 수 있고,
또한 반드시 그래야 한다.
지금 당신이 살고 있는 곳을,
신조차 그보다 나은 것을
상상할 수 없을 만큼
매혹적으로 만들 수 있는
힘은 오직 당신만이
갖고 있다.

하게 이어지기 때문이다. 확실한 것은 의도 없는 사건들일 뿐이다. 세계는 우리에게 아무 관심도 없고, 우리에게 개인적인 의도를 갖고 있지도 않다. "그 무엇도 개인적인 일로 받아들이지 마라!"는 것은 선불교에서 말하는 원칙 중 하나다. 기차가 늦게 오는 것은 철도회사가 당신의 화를 돋우려고 작정해서가 아니다. 혹시나 당신이 꾸물거리다가 늦었는데 기차가 아직 도착하지 않았다면 연착한 것을 도리어 기뻐하지 않겠는가!

## ~~~~~~~ I.03> **변화시켜야 할 것은 일상의 삶이다**

앞에서 인용한 중국 이야기는 특별한 사건들을 다루고 있다. 그러나 그렇게 특별한 사건들은 우리의 모든 불행을 부정할 만큼 흔히 일어나지는 않는다. 소설가 안톤 체호프는 이 점을 분명히 인식했다. "위기는 바보들에게도 닥쳐온다. 우리를 정말로 괴롭히는 것은 바로 일상이다." 우리가 삶을 곰곰이 돌아보고 변화시키려고 한다면, 그때 무엇보다 변화시켜야 할 것은 바로 일상의 삶이다. 철학자 빌헬름 슈미트는 "일상이란 규칙이 되어버린 예외 상황"이라고 썼다.

창조적인 사람들은 대체로 자신이 가장 피하고 싶은 일상이 어떤 것인지 정확하게 알고 있다. 그것은 바로 출퇴근 시간이 엄격하게 정해져 있고, 답답한 분위기에서 일하며, 휴가 기간이 오기만을 기다리고, 여유 시간이 생기면 스포츠나 조금 즐기며,

평일에는 텔레비전을 주말에는 보수적인 주류 영화를 보고, 외벌이 남편과 전업주부라는 전통적인 역할 구분을 고수하는 생활이다. 이것은 창조적인 사람들의 생활 방식이 아니다. 그러나 이에 대한 무의미한 대안 역시 악몽이 되어버리기는 마찬가지다. 자녀 없이 두 사람 다 돈벌이에 전념하고, 우정보다는 인맥을 쌓는 데 주력하며, 위신 때문에 예술품을 사들이고, 여가도 휴가도 없이 모든 시간을 일에만 투자하고, 일 외에는 아무 관심도 없고 사회적 책임감도 없는 경우 말이다. 오늘날 창조적인 사람들은 항상 무언가 잘못되지 않았을까 하는 불안감을 품은 채 그 두 경우 사이 어딘가에서 살고 있다.

일상은 마치 당연하게 주어진 것처럼 느껴지는 영역이다. 일상의 영향력은 대개 세월이 흐르면서 점점 더 커지고 세밀한 부분들에까지 깊이 스며든다. 더욱이 우리에게는 나날의 분투가 끝나면 돌아갈 수 있는 근거지로서 늘 변하지 않는 것과 습관적인 것이 필요하다. "전망을 알 수 없는 위험한 세계에서 일상은 습관의 친숙함을 지붕으로 올린 안식처가 되어준다. 때로는 낯선 것들이 그 지붕을 부수고 들어오기도 하는데, 이는 스스로 불러들인 것일 수도 있고 원치 않는데 닥친 것일 수도 있다. 이런 것은 피할 수 없지만, 규칙적으로 반복되면 일상의 새로운 부분으로 자리 잡기도 한다." '삶의 예술Lebenskunst' 철학자인 빌헬름 슈미트의 말이다. 풍요로운 사회에서 살아가는 사람들에게 세계가 얼마나 위협적으로 여겨질 수 있는지는, 코쿠닝*이나 더욱 극단적인 일본의 히키코모리** 같은 심리학적으로 염려스러운 현상들이 만연한 것만 봐도 잘 알 수 있다. 그들은 대인 접촉을 피하며 몇 년씩 부모의 집에 있는 자기 방에 틀어박혀 나오지 않고 부양해주어야만 살아갈 수 있는 젊은이들이다.

<hr>

I.04> **사소해 보이는 것들의 힘**

일상의 특징은 포스트모던한 사회도 최신 기술도 의학도 어쩌지 못하는 현상들로 이루어진다는 것이다. 감기는 일주일이 걸려야 낫고 약을 먹으면 7일을 간다. 매일 설거지하고 매주 진공청소기를 돌리고 수시로 세탁을 하고 장을 보러 간다. 그래도 냉장고는 어느새 텅 비고 셔츠는 또 더러워져 있고 먼지는 금세 다시 쌓인다. 어느덧 또 감기에 걸리고 우리는 티슈를 사러 달려간다. 언젠가 어느 철학자는 삶이란 모두 문제 해결이라고 말했지만, 그는 일상을 계산에 넣지 않은 것이 분명하다. "선 요리사는 유토피아를 믿지 않는다. 개인의 삶에서나 사회의 삶에서나 문제는 늘 존재한다. 그릇을 씻으면 더러운 그릇의 문제는 해결한 것이라고 생각하는 사람들이 많다. 그러나

◆     사회적 스트레스와 연결을 회피하고 누에고치<sup>cocoon</sup>처럼 집안에만 틀어박혀 지내는 생활 방식.

◆◆    코쿠닝과 유사하게 모든 사회적 연결을 차단하고 집안에만 숨어 지내는 사람. 은둔형 외톨이.

그것은 잘못된 생각이다. 그릇은 금세 다시 더러워진다." 사회활동가이자 선 스승이며 종교를 초월한 평화운동 네트워크를 세운 버나드 글래스먼의 말이다.

일상은 타율의 왕국이다. 그것도 계몽된 세계 안에 존재하는 타율의 왕국. 빌헬름 슈미트는 이렇게 썼다. "살림살이는 온갖 우연적 배치에 지배되는 자율이 아닌 타율의 왕국이며, 그 뒤죽박죽된 혼돈의 왕국에서 우리가 드문드문하게나마 자기 의사에 따른 활동과 여가라도 확보하려면 대단한 노력이 필요하다." 우리가 영화를 보러 가고 소설을 읽는 것도 어쩌면 스크린과 책장 위의 사람들은 그런 일상으로부터 자유롭게 보이기 때문이 아닐까. 그들은 음식을 먹기는 하지만 설거지는 하지 않는다. 출근은 하지만 어쩐지 직장을 부차적인 것으로 여기는 것 같고, 화장실에도 안 가고 더러워지지도 않는 것 같다. 영화에서는 사소한 사건에도 드라마틱한 음악을 깔아 대단히 매력적인 일처럼 보이게 한다. 오디션 프로그램과 화보로 가득 찬 잡지도 평범한 것들에 화려한 외관을 부여하기 위해 고안된 것이다.

이러한 타율의 지옥 속에 우리는 어떻게 창조성을 불러들일 수 있을까? 끊임없는 반복에 자포자기하지 않고 확고한 기반을 확보하려면 어떻게 해야 할까? 집안 살림은 매일 처리해야 하는 일이다. 남녀의 생각은 서로 잘 어긋나기 때문에 우리는 배우자나 그 밖에 함께 사는 사람들과 살림 문제를 놓고 늘 언쟁을 벌인다. 그러면서도 우리는 좀처럼 살림살이에 대해 깊이 생각해보지 않는다. 우리가 체계적인 살림살이에 대해 배웠다는 것을, 그리고 많은 남자들의 경우에는 배우지 않았다는 것을 인정하지도 않는다. 우리에게서 많은 시간을 빼앗아가고 문젯거리들을 던져주는 일에 대해 그렇게도 논의가 없다는 것이 불가사의할 정도다. 우리는 일상을 단지 거추장스러운 일에 지나지 않는 것처럼 치부한다. 그러나 일상은 그대로 엄연히 존재한다. 가령 이사를 하거나 독립하여 분가하거나 아이를 출산할 때처럼 일상이 무너지거나 위협받는 상황이 닥치면, 우리가 얼마나 일상에 밀착되어 있고 또 필요로 하는지가 분명히 드러난다. 그런 상황들은 살림살이에서 상상할 수 있는 가장 큰 '재난'이다. 게다가 오늘날은 우리 부모들이 살았던 사회와는 다르기 때문에 그들이 했던 것처럼 할 수도 없다.

　　스페인의 신비가이자 수도회 창립자인 아빌라의 테레사는 일상의 중요성을 잘 알고 있었던 것 같다. 다른 사람들은 화려한 대성당 건축을 계획하거나 시시콜콜한 신학적 궤변들을 늘어놓고 있을 때, 테레사는 일상적으로 사람들을 힘들게 하는 것이 무엇인지를 똑바로 꿰뚫어보고 있었다. "신께서 솥들과 냄비들 사이에 계신다는 것을, 그대가 내적인 과제와 외적인 과제를 수행할 때 곁을 지켜주신다는 것을 잊지 말라."

　　불교는 일반적으로 일상과 더욱 긴밀하게 연관되어 있고, 많은 사람들은 선불교를 '일상사의 종교'라고 부른다. 베트남의 선 스승인 틱낫한 선사는 집안일을 마음챙김 수행의 하나로 삼으라고 충고한다. "여러분은 설거지를 할 때 잠시 후 마실 차를 생각하거나, 얼른 앉아서 차를 마실 수 있도록 가능한 설거지를 빨리 끝내려고 할지 모른다. 그렇다면 그것은 여러분이 설거지를 하는 동안 그 시간을 살고 있지 않다는 의미이다. 설거지를 할 때는 설거지가 자기 삶에서 가장 중요한 일이어야 한다. 또한 차를 마실 때는 차 마시는 일이 세상에서 가장 중요한 일이어야 한다."

　　어떤 일이 괴롭게 느껴진다면 대개는 우리가 그 일이 다른 일을 하는 데 방해만 된다고 생각하기 때문이다. 그러나 마침내 방해받던 그 일을 하게 되었을 때는 또다시 그 다음에 할 일을 생각한다. 아침을 먹으면서 전차가 제시간에 도착할지 걱정하고, 전차를 타서는 직장에 도착해서 제일 먼저 처리해야 할 일을 생각하고, 그 일을 하면서는 점심시간을 생각하고, 퇴근 후에는 다음 날 아침을 생각한다. 이와 관련하여 행동치료사인 안드레아스 크누프는 이렇게 썼다. "스트레스란 우리가 현재 자신이 있는 곳이 아닌 다른 곳에 있기를 원한다는 증거이다."

　　일상은 예측할 수 없다는 점 때문에 종종 일 자체보다도 더 큰 도전이 되기도 한다. 여가 시간마저 할 일 목록과 스케줄 다이어리에 좌우된다. 세계가 한 치 앞을 알 수 없고, 계속해서 선택지가 더 많아지고 있다는 것도 그 이유의 작은 부분을 차지한다. 외적으로 자유롭다고 해도 상황이 좋아서 내면을 자유롭게 놓아둘 수 있을 때에만 그 자유를 누릴 수 있다. 그러나 "머릿속이 '시끄러울' 때에는 차분해질 수가 없다. 우리는 아직 처리하지 못한

우리가 갖고 있는
큰 문제들은 사실
본질적으로 평범하고
작은 문제들이 쌓여 있는
불쾌하게 큰 더미일 뿐이다.
결국 작은 문제들을
처리함으로써 큰 문제들을
해결하는 것이다.

일들을 끊임없이 걱정한다. 그중 몇 가지를 해치우고 나면 더 이상 미룰 수 없는 또 다른 일이 떠오른다. 표면적으로는 해야 할 일이 너무 많아서 스트레스를 받는 것 같다. 그러나 좀 더 엄밀히 들여다보면 사실 우리는 해야 할 것 같은 새로운 일들을 끊임없이 생각해내는, 지나치게 활동적인 정신에게 시달리고 있다는 것을 깨닫게 된다. 너무 바쁘고 정신없이 무언가에 내몰리고 있어서 불안하다고 느끼면서도 정작 쉴 시간은 내지 않는다. 산만하게 어떤 일을 시작했다가는 금세 내팽개치고 다른 일을 시작한다. 우리의 일상적 행동들은 완전히 자동적으로 이루어지며 그때 우리는 꼭 '얼빠진' 사람 같다." 여기까지는 '침착한 정신으로 가는 길'을 알려주는 안드레아스 크누프의 책 『머리야, 조용히 해!Ruhe da oben!』에 나오는 말이다.

집안일로 다시 돌아가 보자. 버나드 글래스먼은 집안일에 중심적 의미를 부여한다. 그가 선불교의 대가 한 사람과 함께 쓴 『선, 삶의 요리법』이라는 아주 유명한 책에는 다음과 같은 구절이 나온다. "새로운 일을 시작할 때—사업을 시작하든 새로운 대인 관계를 맺든, 인생 전체를 새롭게 바꾸려는 일이든—대체로 우리는 성급하게 군다. 무언가를, 그냥 무엇이라도 당장에 해내고 싶어 하는 것이다. 선 요리사는 주방에 어제저녁에 쓴 더러운 그릇이 쌓여 있으면 요리를 할 수 없다는 걸 분명히 알고 있다. 쓸 만한 재료가 무엇이 있는지 확인하려면 먼저 질서부터 갖추어야 한다." 이런 불교의 관점에서는 모든 변화와 모든 일이

청소로부터 시작되며, 질서와 청결이 결정적인 역할을 한다. 그러니까 우리가 추구하거나 기대하는 것은 특별한 무엇이 아니라 집안과 사무실의 아주 구체적인 질서인 것이다. "주방을 깨끗이 하는 것은 정신을 깨끗이 하는 것이다. (…) 삶에서도 똑같다. 요리를 할 때 먼저 주방을 청소하고 깨끗이 하는 것처럼 하루를 시작할 때도 정신을 맑게 하도록 노력해야 한다."

이렇듯 겉보기에 사소하고 하찮아 보이는 과제들에 주의를 기울이면 인생이 달라진다. 선의 관점에서 보면 일반적으로는 '사소해' 보이지만, 그 안에 큰 힘을 지니고 있는 것들이 존재한다. 그런 것들을 해결하면 큰 변화가 찾아온다. 브래드 워너는 그에 대해 이렇게 썼다. "이 세상에 살면서 우리가 갖고 있는 큰 문제들은 사실 본질적으로 평범하고 작은 문제들이 쌓여 있는 불쾌하게 큰 더미일 뿐이다. 결국 작은 문제들을 처리함으로써 큰 문제들을 해결하는 것이다. 물론 정말로 심각한 문제라면 우리가 옴짝달싹할 수 없어지기 전에 그 큰 문제의 일부라도 해결해야 한다. 그럴 때 역시 꼭 해야 하는 일이라도 단계적으로 차근차근 처리하고, 상황이 계획한 대로 풀리지 않을 때에는 유연하게 전략을 수정할 줄 알아야 한다."

어쩌면 우리 머릿속에서는 삶의 커다란 문제들, 직업과 관련된 풀리지 않은 문제들, 삶의 의미에 대한 거대한 질문들이 맴돌고 있는지 모른다. 주방과 옷장 사이의 자그마한 범위 안에 질서를 회복하는 일이나, 배우자나 이웃, 동료와 평화로운 관계를 맺는 일조차 제대로 하지 못하면서 우리는 세계 반대편의 문제들로 지나치게 괴로워하기도 하고 최악의 경우에는 냉담한 비관론에 빠져버리기도 한다. 그러나 삶의 예술은 우리 자신에게서, 바로 우리 코앞에서 시작된다. 다른 모든 것은 투사이고 공상이다. 빌헬름 슈미트는 "가장 자신만만한 사람은 일상을 제대로 살아가는 사람"이라고 썼다. 우리는 언제라도 처리할 수 있다는 이유로 '작은 일들'을 종종 간과한다. 지금 여러분이 이 책을 읽고 있는 장소는 깨끗이 청소되어 있는가? 바른 자세로 앉아 있는가? 머릿속은 말끔히 정리되었는가?

I.05> **성공이 아닌 좋은 삶을 추구하라**

우리는 왜 삶의 형태를 설계하고자 하는 것일까? 빌헬름 슈미트에 따르면 그에 대한 답은 이미 2천여 년 전에 나와 있었다. 그는 『삶의 예술 철학Philosophie der Lebenskunst』에서 이렇게 썼다. "그것은 인생이 짧기 때문이다. (…) 우리가 죽음에게 고마워할 일은 (…) 인생에 경계를 설정해주는 것이다. 그러한 한계가 없었다면 우리는 삶이 어떤 형태이든 개의치 않았을 것이다." 아무리 모든 것이 불확실해 보여도 우리가 확실히 아는 한 가지가 있으니, 그것은 바로 우리가 죽는다는 사실이다. 시몬 드 보부아르는 도발적인 소설 『모든 인간은 죽는다』에서 불멸의 삶을 산다면 삶의 일상이 얼마나 무의미하고 낙이 없을지 세세히 묘사했다. 그리고 불멸을 소재로 한 가장 인기 있는 판타지인 뱀파이어 이야기들에서도 중간세계에서의 생존을 끝낼 수 있는 가능성을 배제하지 않는다. 드라큘라 백작과 그를 따르던 자들도 대부분 끝에는 죽음을 맞는다. 아니면 최소한 스스로 목숨을 거둘 수 있는 가능성은 보유하고 있다. 그 이야기들을 과연 다른 방식으로도 풀 수 있을까?

중세 말까지도 죽음은 천상에서 누릴 영원으로 이어지는 기나긴 시간의 띠 위에 새겨지는 하나의 마디에 불과한 것으로 여겨졌다. 영혼은 불멸하는 것이며, 육체만이 심판의 날을 기다려야 했다. 그러다 계몽주의가 등장하여 영원히 이어지던 시간을 싹둑 잘라냈고, 그러자 무한한 우주의 시간에 비하면 너무나도 짧은 삶의 시간만이 남겨졌다. 그리고 그 삶의 시간은 시간이 주는 압박 아래 놓이게 되었다.

빌헬름 슈미트에 따르면, 현대 세계에서 인간은 '선택을 해야만 하는' 존재가 되었다. 역사적으로 오랜 투쟁을 통해 얻어낸 선택의 자유가 이제는 피할 수 없는 '선택의 의무'로 바뀐 것이다. 장 폴 사르트르가 말한 암울한 명제처럼, 우리는 자유라는 저주스러운 운명에 처해 있다. 그러나 사람들은 금세 자신에게는 어떤 선택권도 없다는 판단에 이르게 된다. 선택은 그저 우리에게 강요된 것일 뿐이다. 게다가 우리에게 선택할 능력이 없는 경우도 많고, 우리가 한 가지 결정을 내리면 곧바로 다른 선택들은 배제하는 것이기도 하다. 이렇게 까다로운 조건들을 보면, 인

인간은 '선택을 해야만
하는' 존재가 되었다.
역사적으로 오랜 투쟁을
통해 얻어낸 선택의 자유가
이제는 피할 수 없는
'선택의 의무'로 바뀐 것이다.
우리는 자유라는 저주스러운
운명에 처해 있다.

생 자체도 단순히 우리가 우연히 이 세상에 존재하게 되었다는 이유만으로 저절로 살아지는 것이 아님을 분명히 알 수 있다.

오늘날 자기 인생의 형태를 만들어가려는 모든 시도는 하나의 예술 형식이, 즉 삶의 예술이 되었다. 물론 우리가 좋은 인생 또는 아름다운 인생을 위해 노력하는 한에서 그렇다. 우리는 많은 사람들이 선량하고 자신만만하고 성공적으로 보이는 세계에서 매일을 살아가고 있다. 적어도 다른 사람들은 우리에게 그렇게 보인다. 그러나 그 사람들 자신도 만족감을 느끼는지, 혹은 그렇게 그럴듯한 외관을 유지하기 위해 어떤 대가를 치르고 있는지는 또 다른 문제다. 빌헬름 슈미트는 사람들이 흔히 하는 한 가지 착각을 바로잡아준다. 그것은 바로 좋은 삶이 결코 안락한 삶이나 성공적인 삶일 필요는 없다는 것이다. 좋은 삶이란 무엇보다 잘 살아가는 삶이다. 선 스승들은 삶의 예술이 탄생하게 된 근원인 필멸성을 때때로 떠올려볼 것을 권한다. 자신의 삶을 항상 죽음의 위치에서 고찰해보라는 것이다. 사와키 코도는 『매일 매일 좋은 날Tag für Tag ein guter Tag』에서 "죽음의 입장에서 삶을 성찰하는 사람은 실수를 하지 않는다."라고 썼다.

~~~~~~~~~~~ I.06> **창조의 첫걸음은 자기 성찰이다**

그러나 그 일도 생각처럼 간단하지 않다. "우리는 어둠 속에 가만히 앉아서 우리 내면의 드라마를 마음대로 조종할 수 있는 연출가가 아니다." 스위스의 철학자이자 작가인 페터 비에리의 말이다. 생각도 항상 자기 마음대로 되는 것은 아니며, 대개 우리는 자신이 무엇을 원하는지도 잘 모른다. 일상의 습관들이 우리의 꿈을 가려버릴 수도 있고, 삶이 고달픈 시기에는 스트레스 때문에 자기 감정을 제대로 인지하지 못할 수도 있다. 사출 좌석의 단추를 눌러 비행기에서 탈출하고 싶다고 생각하지만, 그런 다음에 정작 착륙하고 싶은 곳이 어디인지는 모른다. 자신을 방해하고 괴롭히는 것이 무엇인지는 재빨리 알아차리지만, 그것을 제거하고 나면 대신 그 자리에 무엇을 채워야 할지 좀처럼 판단이 서지 않는다. 대개는 자기가 무엇을 원하는지 파악하는 것도 꽤 어려운 일이다. 원하는 것을 알게 되었다고 해도 이번에는 냉엄한 인생의 법칙에 부딪히게 된다. 괴테는 『빌헬름 마이스터의 수업시대』에서 이렇게 썼다. "참으로 기이한 것이, 인간에게는 허용되지 않는 불가능한 일들만 많은 것이 아니라 가능한 일들 중에서도 허용되지 않는 것이 너무나 많다."

우리는 기둥 하나의 주위를 빙빙 돌면서 "여기서 벗어나게 해줘!" 하고 소리치고 있으면서도, 스스로 그러고 있다는 걸 인지하지 못한다. "자기 결정에는 가능한 것에 대한 감각, 즉 상상력과 공상이 필요하다."라고 비에리는 말한다. 이 점에서는 창조적인 사람들이 유리하지만 동시에 위험하기도 하다. 스크린에는 풍부한 상상력을 펼치면서 자기 삶에서는 별로 그렇지 못한 경우가 있기 때문이다. 유감스럽게도 풍부한 상상력은 대개 삶의 작은 부분에만 한정되어 발휘된다. 천재적인 창작자들을 만나거나 인터뷰를 해보면 우쭐해 하는 허영심이 고스란히 드러난다. 비에리는 이렇게 썼다. "우리는 착각을 사실로 믿어버리기 쉽다. 자신이 진보적이고 개방적인 생각과 뚜렷한 정의감을 갖고 있다고 여기지만, 막상 관련된 문제에 맞닥뜨리면 사실은 국수주의적 성향이 있고 특권에 집착한다는 것을 충격적으로 깨닫게 된다."

결국 창조적인 삶의 첫걸음은 자기 자신에 대해 성찰하겠다는 의지인 것이다. 비에리의 글을 더 읽어보자. "자신을 인식한다는 것은 자신에 대해 결정하는 또 하나의 형식이다. 자기 인식은 자기 결정과 긴밀하게 얽혀 있다." 창조적인 사람들은 어떤 식으로든 예전부터 열정을 갖고 있던 일을 직업으로 삼고, 그 일을 자기 결정에 활용한다. 사람은 자기 안에 있는 것 또는 자기 자신에게서 관찰한 것을 표현해야 한다. 그렇게 해서 잘 형상화된 것 안에는 생명과도 같은 정성이 담겨 있다. 비에리는 이것을 하나의 길로서 제안한다. "자신이 하는 일로써 자신을 표현하지 않는 사람은 자신이 어떤 사람인지 인식할 가능성 하나를 놓쳐버린다." 창조적인 사람들의 경우에는 이런 일이 자기 직업이라는 틀 안에서 일어나기 때문에, 그들에게는 삶의 예술뿐 아니라 사실상 일의 예술도 필요하다.

# 2

⋮

당신은
무엇을 위해
일하는가

**창조적 활동과 돈벌이**

"노동으로부터 자유롭기를 바라는 사람은 아무도 없지만, 누구나 노동 안에서 자유와 자기결정권을 누리기를 원한다." 오스카 러벨 트릭스가 자신의 대표작 『미술 공예 운동Arts & Crafts Movement』에서 한 말이다. 이 문장은 1903년에 쓴 것이지만 시대를 뛰어넘는 힘이 있다. 창조에 관한 자유재량이야말로 우리를 창조적으로 만들어주고 안정감을 주는 틀이기 때문이다. 노동은 생계를 보장하는 데도 필수적이지만, 일단 기본 소득—창조적인 일을 하는 사람들의 기본 소득은 빈곤한계선에 가까운 경우도 많다—이 확보되고 나면 그 밖의 다른 동기가 주된 역할을 한다. 개인적 사명이, 즉 하나의 내적인 과제가 전면으로 옮아가는 것이다. 이렇게 말할 수도 있겠다. 돈이 가장 중요한 문제가 아닐 때에야 비로소 창조를 삶의 방식으로 삼을 수 있다고. 문화가 산업이 된 시대에는 소비에 거리를 둘 수 있는 능력이 창조적 노동의 전제 조건이 되는 것이다.

돈과 창조성의 관계에 얽힌 이야기는 한눈에 봐도 비극처럼 보인다. 재능과 수입도 정확히 비례하는 것 같지 않다. 그렇지 않다면 모차르트도 슈베르트도 반 고흐도 그렇게 가난하게 세상을 떠나지 않았을 것이다. 예술과 문화의 창조자들이 애초에 그 일에 종사하겠다는 결단을 내리는 것 자체가 상대적인 빈곤에 발을 들여놓는 일인 경우가 많다(독일의 예술가 사회보장연금의 통계를 보면 이를 확인할 수 있다).

이와 관련하여 창조적인 일을 하는 사람들의 내면은 분열된 것처럼 보인다. 한편으로는 가난을 괴로워하면서 부업을 해서라도 생활을 꾸려가려고 고군분투한다. 자신이 인정받지 못하는 현실에 대해서는 자만심이라는 갑옷을 자기방어 수단으로 삼는 이들이 많은데, 특히 열심히 실력을 연마하지 않고 재주가 모자라는 경우 더욱 그렇다. 다른 한편으로 그들은 부를 얻었을 때조차 그것을 제대로 감당하지 못하는 경향이 많다. 문화사에 등장하는 마약과 자살로 희생된 사람들의 이야기를 곧이곧대로 받아들인다면, 그들은 돈과 인기를 한껏 누릴 때조차도 괴로워한다.

노동의 예술적 측면을 살펴보는 것도 의의가 있겠다. 디자이너의 가슴속에서는 세 개의 심장이 뛰고 있으니, 이는 그가 서비스 제공자이자 장인이자 예술가이기 때문이다. 디자인은 실용 예술이다. 서비스 제공을 위해서는 의사소통 능력과 상업적 능력이 가장 중요하고, 장인에게는 기술적 숙련과 연습이 필요하다. 그리고 창조성은 장인의 영역에도 속하지만 무엇보다 예술가의 영역에 속한다.

굳이 돈에 연연할 필요가 없는 경우라면 돈도 긍정적인 영향을 미치기는 한다. 그러나 돈이 너무 많거나 너무 적으면 이내 실존적 문제로 이어진다. 창조적인 일을 하는 사람들에게는 자신의 창조 행위가 금전적 인정에 얼마나 종속되어 있는가가 중요한 문제이다. 대부분은 예술적 작업에만 생계를 의지하는 것을 결코 원치 않는다. 돈 걱정에 끌려가다 보면 어쩔 수 없이 무가치한 일에 재능을 팔게 된다는 걸 잘 알기 때문이다. 똑같이 그림을 그리거나 글을 쓰거나 연작 사진을 찍는 일도, 자기 생각을 표현하기 위해 하는 것과 월세를 벌려고 어쩔 수 없이 하는 경우는 큰 차이가 있다. 더군다나 유행이나 대중의 취향, 시장성 등을 염두에 두면 의미 있는 예술 작품을 창조할 수 없다. 유명 작가들까지 포함하여 많은 이들이 일반적인 직업에 종사하는 것도 그 때문이다. W. G. 제발트는 대학에서 강의를 했고, 발터 켐포브스키는 계속 초등학교 교사로 일했으며, 노르베르트 쇼이어는 컴퓨터 프로그래머로 일했다. 그리고 데이비드 린치부터 빔 벤더스까지 저명한 작가주의 감독들도 광고 영화를 찍어 돈을 벌었다.

　　모든 창조적 열정을 돈벌이의 압박에 종속시키는 것은 어리석은 일이다. 한편으로는 의뢰자와 비평가의 변덕에 휘둘리지 않아야 하며, 다른 한편으로는 책상머리나 갤러리에만 머물지 않고 실제 세계로 나아가 많은 경험을 쌓아야 한다. 창작자가 경험이 부족할 경우, 작업의 결과물을 보면 바로 티가 난다. 가령 학원이나 대학에서 강의를 하는 것처럼 정기적으로 사무실과 책상에서 벗어나게 해주는 일들도 때에 따라 영감의 원천이 될 수 있고, 복지나 간호 업무 또는 요식업이나 자전거 배달원 같은 직업도 평등과 균형의 감각을 일깨워줄 수 있다.

　　밥벌이를 위한 일은 최악의 경우 오로지 소모적이기만 할 뿐이다. 아니면 적어도 겉으로는 그렇게 알려지게 된다. 그 가장 유명한 예는 보험회사에서 사무변호사로 일했던 프란츠 카프카이다. 그는 시간제로 일했지만 그마저도 너무 부담스러웠는지 일기장에 그 일에 대한 불만을 잔뜩 토로해두었다. 그렇지만 자신만의 작업실이 아닌 다른 경험 세계가 있다는 것은 창조적인 일을 하는 사람들에게 의미 있는 일이다. 그리고 표면적으로는 창조성과 무관해 보이는 분야에서도 창의력과 전문 지식은 도움이 된다. 오늘날에는 카프카가 산업재해에 관해 꼼꼼하게 기술해놓은 업무 서류들도 출판되어 있는데 읽어볼 가치가 있다.

요제프 보이스*는 제자들에게 반드시 예술과 무관한 직업에서 경험을 축적할 것을 권했다. 사회는 우리 모두가 창조적이고 예술적으로—파괴적이지 않게!—협력해야 하는 사회적 조형물이라고 본 그의 개념은 예술과 디자인, 노동 세계 사이의 구분을 한마디로 깨끗이 지워버린다. 보이스는 꼭 캔버스에 그림을 그리는 사람만이 아니라 창조적 일을 하는 사람은 누구나 예술가라고 여겼다. 그가 보기에 예술의 중심은 인간과 그의 조형능력이었다. 이렇게 근본적으로 확장된 예술 개념은 '부업'에 대

---

◆　　Joseph Beuys(1921년~1986년) : 독일의 행위예술가, 조각가, 화가, 예술이론가, 예술교육가. 모든 사람이 지니고 있는 창조적 능력은 모든 직업에서 발견하고 계발할 수 있고, 따라서 인간의 모든 삶은 예술 작업의 일부이며, 인간은 이러한 예술 작업을 통해 '사회적 조형물Soziale Plastik'을 만들어야 한다고 주장하였다. 보이스는 이러한 확장된 예술 개념을 통해 현대인의 황폐하고 비인간적인 삶과 사회를 치유하고자 하였다.

한 시각을 건전하게 변화시킬 수 있다. 그 확장된 예술 개념에 따르면 부차적인 활동이란 없으며, 간호든 수공업이든 사무직이든 미술이든 창조적인 행동과 그렇지 않은 행동이 있을 뿐이다.

그렇다고는 해도 창조적인 일을 하는 사람들에게 돈이라는 주제는 주로 푸념거리이다. 물질적이고 정신적인 기본 욕구를 충족하려면 돈이 반드시 필요하다. 그런데 그들은 자기가 열정을 갖고 있던 일을 직업으로 삼았고 거기에 온 정성을 기울이기 때문에 이상화된 시각을 갖고 있는 경우가 많다. 능력이 뛰어나면 저절로 그리고 빠른 시간 안에 그 능력을 인정받을 거라고 막연히 믿는 것이다. 물론 그런 생각이 완전히 잘못된 것은 아니지만, 사회의 냉엄한 현실을 못 보도록 눈을 가릴 수도 있다. 창조적인 일을 하는 사람들은 전문적 능력의 향상과 경력의 상승이 반드시 나란히 가지는 않는다는 점을 종종 간과한다. 그래서 전문적인 능력을 갈고닦기는 하지만 시장성에 대한 고려는 놓쳐버리는 것이다.

돈 문제에는 전혀 신경 쓰지 않으려는 사람들도 돈이 부족하면 그 여파를 고스란히 맞을 수밖에 없다. 금전적 성공을 전혀 거두지 못한 경우에는 그 실패가 자아상마저 해치게 된다. 멋진 일러스트레이션을 그리는 일과 그 그림을 판매하는 일에는 서로 전혀 다른 능력이 필요하다. 그럼에도 창조적인 일을 하는 사람들이 '작품' 자체에 초점을 맞추는 것은 충분히 이해하고 공감할 수 있다. 상업적 수완이 형편없더라도 창조성에 해가 되는 것은 아니며, 오히려 세상 사람들이 좋은 작품을 볼 수 있게 해준다.

그러나 유감스럽게도 여전히 너무 많은 사람들이 성공만이 좋은 것이라고 생각한다. 출세한 사람만이 창조적이라는 것이다. 이러한 태도는 명성만 중시하고 능력이나 창조력에 대해서는 무관심하다. 자신의 창조력이 단시일에 물질적 성공을 이루는 것은 물론 기쁜 일이다(극단적인 경우에는 위협적일 수도 있지만). 반면 빠른 성공을 거두지 못한 경우는 실패를 암시하는 것일 수도 있지만 동시에 아무 의미가 없을 수도 있다. 살아생전에도 그리고 죽은 뒤 수십 년이 지난 후에도 명성을 떨치지 못했지만 오늘날에는 대가로 인정받는 예술가들이 얼마나 많은가. 우리는 유명한 예술가들에게서 주로 그들이 마지막으로 도달한 지점만을 볼 뿐, 그 성공에 이르기까지 걸어간 길고 험난했던 길은 좀처럼 보지 않는다. 그러고 보면 창조적 일을 하는 사람들에게 필요한 것은 끈질기게 버티는 능력이라는, 요즘 매우 찾아보기 어려운 미덕인 것 같다.

돈벌이는 인정의 여러 형식 중 단 한 가지일 뿐임을 인정해야 한다. 물론 인정에는 다른 자유들도 따라오지만 말이다. 또한 가난하다는 것이 능력이 있다는 증거도 아니다. 자기가 제대로 평가받지 못한다고 느끼는 것과 실제로 제 평가를 받지 못하는 것은 전혀 다른 일이다. 이 세계에서는 돈에 너무 종속되어서도 안 되지만, 한때 돈이 많이 쌓여 있다고 해서 흥청망청해서도

사회는 우리 모두가
창조적이고 예술적으로
협력해야 하는 사회적
조형물이다. 수공업이든
사무직이든 부차적인
활동이란 없으며,
창조적인 행동과 그렇지
않은 행동이 있을 뿐이다.

안 된다. 시장에서의 성공은 시작될 때만큼이나 빠른 속도로 끝나버릴 수 있기 때문이다. 심지어 창조적 가치가 별로 없는 경우에도 상업적으로는 성공할 수 있다. 어떤 창조적 작업들이 유행에 따라 단기적으로 인기를 누리기도 하지만, 그런 창작자들의 다수가 이후에도 계속 성공하는 경우는 드물다.

집안 살림도 그랬지만 돈 문제 역시 창조적 직업의 사람들이 이야기하기 꺼리는 터부 중 하나이다. 부가 명성에 도움이 되지 않는 경우라면 더 그렇다. 창조적인 사람들 중에는 아름다운 집과 멋진 아틀리에가 있고 세련된 옷을 입고 회의나 전시회에 다니는 이들이 있는가 하면, 또 전혀 그럴 형편이 안 되는 이들도 있다. 이러한 세속적인 현상들에 아무 의미가 없다고 말한다면 기만일 것이다. 학창 시절에는 돈이 부족한 상태로도 버텨낼 수 있지만, 평생을 그렇게 보내려는 사람은 별로 없을 것이다. 게다가 가정을 꾸리려고 하면 갑자기 여러 금전적 문제에 봉착하게 된다. 가난한 시인이나 위대한 시성처럼 극단적인 경우가 아니더라도, 자신의 욕구를 분명히 인지하고 그 충족을 위해 끈질기게 노력하는 것도 용기가 필요한 일이다. 대부분의 사람들에게 좋은 삶이란 그 두 극단 사이 어딘가에 자리 잡고 있다.

미디어는 별난 사람들만 보여주고 싶어 하지만 창조적인 사람들도 대부분 지극히 평범한 일상과 노동의 삶을 이어간다. 요한 제바스티안 바흐와 요한 볼프강 폰 괴테, 이마누엘 칸트, 호안 미로, 토마스 만 등은 한곳에 가만히 머물기를 좋아하는 성격이었고 작업을 하는 일상에서는 전혀 특별할 것 없는 창작자의 모습을 보였다. 그들은 아침에 일어나 일을 중심으로 짠 규칙적인 일과를 보냈다. 토마스 만은 일기에 "가장 중요한 것은, 내가 어디서든 편안하게 자리를 잡고 앉아 마음을 열고 꾸준하게 일하는 날들을 보내는 것, 유익한 삶의 질서를 갖는 것"이라고 썼다. "곤궁하면 창의성이 발휘된다."라는 말에도 일말의 진실은 담겨 있지만, 그 문장은 삶의 특정 국면들과 관련된 것이지 삶 전체에 해당하는 말은 아닐 것이다. 물론 돈 문제하고만 연관된 것도 아니다.

창조적인 일을 하는 사람들과 돈의 관계가 본질적으로 비극인 것은 아니다. 부유한 서구 사회에서 굶주림으로 고통받는 디자이너는 없다. 물론 가난한 사람도 있지만 그것은 상대적인 빈곤일 뿐이다. 창조적으로 산다는 것 역시 자신의 물질적 요구들과 떼어놓고 생각할 수 없는 문제이다. 부업을 많이 해야만 한다면 아예 생계를 꾸릴 수 있는 직장을 구하는 게 낫다. 토마스 만은 "일하는 것이 고되고 암울하고 고통스러운 때도 많다. 그러나 일하지 않는 것, 그것은 바로 지옥이다."라고 썼다.

우리가 창조적인 일을 하거나 어떤 식으로든 창조성을 발휘하는 이유는 돈을 버는 것과는 큰 관계가 없다. 그리고 좀 더 깊이 생각해보면 합리적으로 납득할 만한 이유도 없다. 심리학 교수이자 가톨릭 저술가로서 평생 용기 있게 늘 새로운 도전을 했던 헨리 나우웬은 엄격한 트라피스트회 수도원에서 몇 달을 보낸 뒤 그런 사실을 깨달았다. 그가 수도원에서 쓴 일기를 묶은 『제네시 일기』에 실린 다음의 이야기는 창조성에 관한 짤막한 이론이라고 할 만하다.

"나는 오렌지가 세 개 보이면 저글링을 안 하고는 못 배깁니다. 그리고 탑 두 개가 보이면 꼭 그 사이를 걸어야만 하지요." 이 묘한 말을 한 사람은 고공 줄타기 곡예사인 필립 프티이다. 아침 7시 50분에 뉴욕세계무역센터의 쌍둥이 타워 한쪽 탑에서 반대쪽 탑으로 석궁을 쏘아 줄을 걸고 고공 줄타기를 한 뒤, 왜 그랬냐는 경찰의 추궁에 그렇게 대답한 것이다. 그는 파리 노트르담 성당의 두 첨탑을 보았을 때도 똑같은 일을 했다. 이 줄타기 예술가의 철학은 '예술을 위한 예술'이다. 요즘 나는 줄곧 이 대단한 남자에 대해 생각하고 있다. 그가 경찰에게 한 대답은 더없이 고귀하며 긴 숙고를 요구한다. 우리는 그처럼 대답이 불가능해 보이는 또 다른 질문들에 대해서도 답을 얻고 싶어 한다. "당신은 왜 그 여자를 사랑하나요?" 이런 질문에는 뭐라고 대답해도 우스꽝스럽다. 그녀가 정말 예쁘니까? 똑똑하니까? 코에 웃기게 생긴 여드름이 나서? 어떤 대답도 별 의미가 없다. "당신은 왜 사제가 되었습니까?" 신을 사랑하기 때문에? 설교하는 것을 좋아해서? 여자가 싫어서? "당신은 왜 수도사가 되었나요?" 기도하는 걸 좋아해서? 고요함을 사랑해서? 아무 방해도 받지 않고 빵을 굽고 싶어서? 한마디로 이런 종류의 질문들은 대답할 수 없는 질문들이다. (…) 말로 설명할 수는 없지만 이 모든 질문에 대답이 될 만한 내적인 '해야만 함'이, 내적인 절박함 또는 부름이 있는 것이다. 수도사에게 왜 수도사가 되었느냐고 물어서는 결코 만족스러운 대답을 들을 수 없다. 마찬가지로 공놀이를 하는 아이들에게 "너희는 왜 그 공을 가지고 노니?"라고 물어도 딱히 뾰족한 설명을 들을 수는 없다. 그 질문에는 "공이 보이니까 공놀이를 할 수밖에요."라는 말 외에 어떤 답도 없다는 걸 우리도 알고 있다.

요제프 보이스도 그와 유사한 생각을 갖고 있었다. 창조적인 사람들과 창조성을 위한 자유재량을 더 확보하려고 노력했던 그는, 만약 그런 자유를 이루었다면 그 후에는 무엇이 우리에게 동기를 부여할 것인가 하는 질문을 던졌다. 그리고 그에 대한 답으로는 돈도 외적인 조건도 아닌, 오로지 '그 일에 대한 사랑'만을 인정했다. 사랑이야말로 창조적 행위의 근원인 것이다.

────────── 2.02> **일은 반드시 해야 한다**

'삶의 예술' 철학도, 대부분의 종교적 계율도 밥벌이를 위한 세속적 노동에 대해서는 명시적으로 다루지 않는다. 그런데 오늘날까지도 바로 이런 철학 전통과 기독교 전통이 서구 세계 노동 일상의 특징을 결정하고 있다. 적어도 초기 교회에서는 몇몇 특정 직업들을 자기애와 이웃 사랑의 종교인 기독교가 용납할 수 없는 것으로 보았다. 현대에 들어서 노동은 깊이 있는 삶에 방해만 되는 것으로 여겨지며 고상한 사유나 문화, 종교는 퇴근 후의 일일 뿐이다. 사정이 이렇다 보니 오늘날 서구에서는 군수산업에 종사하거나 직업적으로 동물을 죽이는 사람들까지 기독교인으로 간주해도 문제가 되지 않는다. 교회는 '살생하지 마라'는 계명을 일방적으로 해석하는 잘못을 저질렀다. 그 계명 뒤에 암묵적으로 '일로서 하는 경우를 제외하고'라는 단서를 달았기 때문이다.

프로테스탄트 사상은 일하지 않는 것을 도덕적 결함으로 여긴다. 루터와 칼뱅은 노동이 신을 섬기는 한 방법이라고 말했다. 오늘날 우리도 이런 사상에서 자유롭지 않다. 성과 사회는 여가를 즐길 줄 모르는 사람들을 양산했다. 이미 칸트도 게으름을 '미리 해놓은 일 없이 휴식을 취하려는 경향'이라고 정의하지 않았던가. 오늘날에는 일을 한 뒤 휴식을 취할 때조차 자신이 게으르다고 느끼는 사람들이 많다. 그 '휴식'이라는 것이 텔레비전 앞에서 몽롱하게 보내는 것이나 열심히 줌바 춤을 추며 운동하는 것까지는 의미하지 않는다고 하더라도 말이다.

오늘날 성과 지향적인 사람들은 마음 편히 빈둥거리지도 못한다. 계좌 잔고가 늘어가고 있어도 초자아는 도무지 쉴 줄 모른다. 하는 일 없이 시간을 보내면 금세 죄책감에 휩싸인다. 그러나 양심의 문제에서 중요한 것은 일을 하는가 하지 않는가가 아니라 '무슨 일을 누구를 위해 하는가'여야 한다. 요제프 보이스는 그가 광고 일을 한다는 비난에 이렇게 대꾸했다. "내가 평생 광고를 해온 것은 맞다. 하지만 내가 무엇을 광고해왔는지에 관심을 좀 기울여 보라." 질 좋은 위스키인가 아니면 국제사면위원회인가? 군수산업체인가 아니면 예술인가? 명예직으로 아니면 친구들을 위해? 그러나 자본주의 친화적인 기독교의 윤리는 이런 구분도 어느 쪽이든 상관없다고 여기는 듯하다. 중요한 것은 노동이라는 것이다. 많은 사람들이 주말에만 기독교인으로 살고, 근무일에는 시대정신의 가치만을 지향한다.

요제프 보이스는 "기독교가 물질주의를 만들었다!"라는 도발적인 구호를 내놓았다. 키르케고르 같은 기독교인 철학자나 톨스토이 같은 작가들도 경건한 체하는 기독교의 이중 잣대에 반기를 들었다. 그들은 예배에 참석하고 기계적으로 신앙고백을 읊조린다고 해서 누구나 기독교인인 것은 아니라고 생각했다. 당연히 노동과 관련해서도 기독교적 가치들을 실제로 추구하는 것이야말로 장기적인 목표이며, 그러기 위해서는 강력한 의지와 지속적인 노력이 필요하다는 것이다.

수도원에서는 노동이 더욱 큰 가치로, 무엇보다 실질적인 가치로 여겨졌다. 노동이 전체적인 삶의 개념을 이루는 하나의 구성 요소였던 것이다. 이러한 정신적이고 윤리적으로 바람직한 노동이 수도원 담장 안에만 남아 있고 세상 밖으로는 나오지 못했던 것을 보면, 교회 당국과 정치권이 그러한 수도원의 이념을 못마땅해 했음을 짐작할 수 있다. 어쩌면 교회가 수도원의 노동관이 지닌 잠재력을 다시 기억해낼 거라고 기대해볼 수도 있겠다. 그리고 일이 일의 예술이 되었을 때, 다시 말해서 창조성을 촉진하는 일이 되었을 때 그때서야 노동을 더 이상 고립적인 것이 아니라 깨어 있는 삶의 한 부분으로 본다면 너무 늦은 일이 될 것이다.

안타깝게도 노동은 주로 고통의 시간이자 소외로 간주되며, 전체적으로 부정적인 관념들과 연결된다. 그에 따라 인생의 시간도 노동 시간과 여가 시간, 근무 기간과 휴가 기간, 근무일과 휴일로 나뉘게 되었다. 이런 구분은 단순노동이나 착취적인 노동 환경에 대해서는 적합할지 모르지만, 우리가 적극적이고 창조적인 태도로 세계에 개입하는 창조적 노동에 대해서는 맞지 않는다. 노동의 기쁨도 전혀 느끼지 못한 채 남이 시키는 대로 일할 수밖에 없는 사람은 다른 어디서라도 창의성을 발산해야 한다. 그러나 이러한 여가 지향에도 어딘가 씁쓸한 측면이 있다. 철학자 테오도르 W. 아도르노는 "나에게는 취미가 따로 없다."고 말했다. 여가 시간에 하는 일들도 자기 인생의 '필수불가결한 요소'라고 여겼기 때문이다. 사람의 내면에 깊이 뿌리내리고 있는 창조성을 억누르기란 쉽지 않은 일이다. 자기 방의 벽을 꾸미는 일이나 정원을 가꾸는 일, 스포츠나 공예, 음악 또는 동아리 활동 등 밤이나 주말처럼 노동에서 벗어난 길지 않은 시간에 아무런 금전적 이득 없이 스스로 좋아서 하는 이런 활동들에도 에너지와 창의력은 끝없이 들어간다.

성과 사회에서는 여가 시간에도 적극적으로 활동할 것이 요구된다. 물론 그 활동이란 무엇보다도 노동 세계의 도전들에 부응할 수 있도록 잘 회복하기 위한 활동을 말한다. 앉아서 지내는 시간이 너무 길기 때문에 병에 걸리지 않기 위해 운동도 중요해졌다. 특히 지난 몇 년 사이에 '일과 삶의 균형'이라는 주제의 강좌와 책이 증가했는데, 이는 새로 등장한 미디어들을 통해 노동이 여가 시간까지 침투하는 일이 더 많아졌기 때문이다. 경제 단체들도 점점 더 쉴 줄 모르고 그 때문에 급속도로 에너지를 소진하는 구성원들에 대한 염려를 표하고 있다. 이 모형에는 노동과 삶을 천칭의 두 접시처럼 균형을 잡아주어야 하는 것으로 보는 관점이 전제되어 있다. 한쪽 접시에는 강압이 내리누르고 있고, 다른 접시에서는 자유가 우세하다는 것이다. 그러나 이런 관점은 이미 하나의 삶의 방식으로 자리 잡은 창조성에 대해서는 맞지 않는다. 요제프 보이스는 이 문제를 명확히 파악하고 "여가 대신 자유를!"이라고 강변했다. 여가 시간에만 자유로운 사람이라면 자신의 노동 안에서는 수감자인 셈이다. 노동을 삶의 한 구성 요소로 여기지 않는다면 창조성은 위험에 빠진다. 창조적인 일을 하는 사람들에게 창조성은 잘 처방된 자유의 장소이자 자신의 생각을 실현하는 장소이며, 그 자체로 인생이며 삶의 방식이다.

**포괄적 관점에서 본 노동**

노동이라는 주제에 대한 '과학 이전의' 고찰에는 심오한 통찰이 담겨 있다. 주로 기회를 최대한 활용하는 것에만 관심을 두는 현대의 연구들과는 대조적으로 옛 지혜들은 포괄적인 시각을 견지했다. 게다가 종교적 관점의 경우에는 무언가 아주 이로운 것이 더해졌는데, 그것은 바로 마음의 큰 짐을 덜어주는 '겸손'이라는 이상이다. 개개인은 오늘날 우리 대부분이 생각하는 것처럼 그렇게 중요한 존재가 아니라는 것이다. 불교 수행도량을 세운 것으로 유명한 비구니 아야 케마는 이런 말을 남겼다. "내가 없다면 이 삶은 아주 단순해질 것이다."

사람들은 대체로 겸손이라고 하면 부정적인 느낌을 받고 굽실거림이나 비겁함을 연상한다. 단순하게 표현하면, 겸손한 사람은 자신이 신이 아니라는 것을 아는 사람이라고 할 수 있다. 우리는 누구나 다른 사람들에게 의존하며 성공을 위해서는 행운도 필요한데, 그 모든 것이 우리 힘만으로 되는 것은 아니다. 크게 볼 때 우리가 '세상사의 흐름'에 미칠 수 있는 영향은 우리가 생각하는 것에 비해 아주 미미하다. 자신의 영향력을 과대평가하다 보면 쉽게 좌절하게 되고 결국에는 '학습된 무기력'에 빠져 허우적대게 된다. 자신의 삶을 주도적으로 만들어나가거나 의식적으로 결정을 내리는 일을 포기하게 되는 것이다. 우리가 인생을 만들어갈 능력이 없어서가 아니라 성공에 대해 잘못된 기대를 갖고 있기 때문이다. 안셀름 그륀 신부는 영적인 길에 오른 사람들에게 다음의 것들을 버리라고 충고했다.

- ◆ 건강한 영성을 갖는 것만으로도 나의 건강과 균형을 보
  장할 수 있다는 환상.
- ◆ 내가 나 자신을 선하게 만들 수 있고, 나의 결함과 약점
  은 영원히 극복할 수 있다는 환상.
- ◆ 나는 언제나 침착하고, 나 자신과 조화를 이룰 수 있다
  는 환상.
- ◆ 나에게는 내 인생을 계획하고, 이 시대의 격랑을 헤치고
  서 그 계획을 확실히 이룰 수 있는 능력이 있다는 환상.

또한 건전한 삶의 방식을 취한다고 하더라도 길고 시름없
는 생이 보장되는 것은 아니다. 우리는 내일 아침에 어떤 기분으
로 깨어나게 될지조차 모른다. 우리가 그 결과에 영향을 미칠 수
있다고 해도, 거기에는 다른 여러 요소들도 함께 작용한다. 광활
한 산이나 황야나 바다 앞에 서보면 어느새 겸허함의 감정이 우
리 안에 스며든다. 개개인으로서 우리는 아주 작고 부서지기 쉬
운 존재다. 파도가 거셀 때 바다에서 수영을 해보면 무력감이 뼈
저리게 느껴진다. 바다의 움직임은 우리를 제멋대로 가지고 논
다. 수영을 잘하는 사람이라면 파도에 자연스럽게 몸을 맡길 수
도 있겠지만, 조류에 휩쓸리거나 파도에 떼밀려 바위 절벽에 내
동댕이쳐지기라도 한다면 그것으로 세상과 이별할 수도 있는 것

이다. 아이를 출산할 때나 병이 들거나 죽는 경우에도 인간의 한계는 뚜렷이 부각된다. 그리고 보면 겸손이라는 개념에는 마음의 부담을 덜어주는 측면도 있는 듯하다. 겸손은 우리를 실제보다 더 작은 존재로 만들지는 않지만 더 큰 존재로 부풀리지도 않기 때문이다. 오늘날 우리는 흔히 자신을 주인공이나 '제작자'로 여긴다. 그러나 우리가 정말 만물의 영장이나 만물의 척도라고 할 수 있는지는 의심스럽다. 어쩌면 더 작은 존재가 되는 것도 괜찮을 것이다. 삶의 설계라는 관점에서 본다면 더 작은 것이 오히려 더 큰 것일 수도 있다. 이러한 겸손의 관점에서 일의 예술과 일이라는 은총을 바라보면 어떻게 보일까?

기독교에서 가장 유명한 노동 원칙은 베네딕트 수도회의 "기도하고 일하고 읽어라. 그러면 신께서 지체 없이 함께하시리니."이다. 이것은 아주 평범하게 들리지만 사실은 거의 혁명에 가까운 생각이었다. 베네딕트 수도회는 6세기에 창건되었는데, 이러한 노동 철학은 오늘날까지도 수도회의 건전한 자극으로서 유지되고 있다. 이런 철학이 이윤에 초점을 맞추고 정신없이 분주한 오늘날의 시대정신과 얼마나 거리가 먼지는 회합(기도)과 노동과 지식 습득을 한데 엮은 현명함만 보아도 한눈에 알 수 있다. 이 세 꼭짓점은 착취와 경쟁과 상업화라는 자본주의의 세 요소에 비해 창조성과 훨씬 본질적인 관계를 맺고 있다.

제대로 일을 하고자 한다면 자신의 에너지 비축량을 영리하게 관리해야 한다. 베네딕트 수도회에서는 우리가 힘을 길어낼 수 있는 원천을 두 가지로 분류한다. 하나는 투명한 원천이다. 우리는 이 원천에서 얻은 힘으로 일을 하고, 일을 해서 지치면 다시 쉬어서 힘을 회복한다. 지치도록 일했을 때는 거기서 얻는 만족감도 있다. 자신이 유능하다고 느껴지는 것도 우리에게는 일할 동기가 되어준다. 베네딕트 수도회 수도사들의 경우 그 원천은 성령이다. 그러나 그들의 일반 지침은 수도회 밖에까지 널리 적용할 수 있다. 더 높은 의미를 두고 일하는 사람, 그러니까 일하는 목표가 단순한 돈벌이 이상인 사람들은 확실히 더 의욕적이며 병에도 잘 걸리지 않는다. 자신이 하는 일이 의미 있다고 여겨질 때 우리는 더 기쁘게 일하고 덜 지친다.

그러나 그런 노동은 확실히 멸종 위기에 봉착한 듯하다. 순전히 일하는 시간으로만 따지면 우리는 과거 어느 세기보다 적게 일하지만, 심각한 번아웃 증후군에 시달리는 사람의 수는 급격히 증가하고 있다. 이는 오늘날의 노동이 우리를 단순히 지치게만 하는 것이 아니라 완전히 소모시키기 때문일 것이다. 명예심과 경쟁심, 완벽주의라는 탁한 원천들에서 에너지를 얻는 사람은 피곤해지는 것이 아니라 에너지가 고갈되어버린다. 베네딕트회 수도사들인 피델리스 루페르트와 안셀름 그륀은 그런 상황이 낳는 광범위한 결과에 관한 글을 썼다. 그렇게 병든 인생관을 갖고 일하는 사람은 "일을 통해 공격성과 불만, 냉혹함과 신랄함의 분위기를 퍼뜨린다." 때로는 사회 전체로 이러한 병폐가 전염될 수도 있다. 노동에 아무리 높은 가치를 두거나 아무리 많은 자유를 누리고 있다 해도, 여러 분야에서 그런 분위기가 만연하다면 그 독성이 퍼져나가는 것이다.

　　루페르트와 그륀은 노동이 단순한 밥벌이를 훨씬 넘어서는 일이라고 생각한다. 노동은 기도이며 고요함이자 단념이고, 이는 다른 사람들을 위한 외적인 노동과 "내면의 인격을 도야하는 영혼의 노동" 둘 다에 해당한다고 두 수도사는 말한다. 우리에게는 노동을 봉사와 도야의 과정으로 보는 포괄적인 시각이 익숙하지 않다. 그러나 우리가 직업을 진지하게 여긴다면, 직업은 평생에 걸쳐 우리에게 영향을 미치고 우리와 세계를 접촉시킨다. 사회복지사나 엔지니어, 법률가 또는 디자이너들과 함께 인생을 보내는 사람은 그들 각각의 사고방식에서도 영향을 받게 된다. 삶과 생각의 상당 부분을 노동과 의뢰자들과 동료들과 함께 보내기 때문에 영향을 받지 않는다면 오히려 그게 더 이상하다. 어느 분야에서나 마찬가지지만 특히 창조적인 일을 하는 사람들에게 노동은 하나의 삶의 방식이다. 그러므로 어떤 방식으로 일하는지, 어떤 정신을 가지고 일하는지가 삶을 설계하는 일에서 핵심적이다.

　　수도사들의 관점에서는 번아웃 증후군이라는 병적인 탈진에 대해 비판적인 시선을 보낼 수밖에 없다. 루페르트와 그륀은 이렇게 썼다. "과중한 노동이 실제로 반드시 필요하고 피할 수 없는 것인지, 아니면 손쉬운 알리바이일 뿐인지는 간단히 밝혀내기 어렵다." 우리가 탁한 원천에서 일할 원동력을 얻는다면,

연료의 질이 낮기 때문에 과중한 노동으로 그것을 메울 수밖에 없다. 잘 훈련된 달리기 선수도 영양을 잘 공급받아야 마라톤을 완주할 수 있지, 제대로 먹지 못한다면 이내 쓰러지고 만다. 이 점에서는 종교들끼리 의견이 일치하는 것 같다. 헨리 나우웬은 수도원 생활을 기록한 일기에서 선에 관한 베스트셀러 한 권을 읽고 매료되었던 일을 묘사했다. 그는 수도원에 들어갈 때 고요 함과 외로움이 두려워 책을 잔뜩 싸들고 갔다. 그리고 수도원 제 빵실에서 지치도록 단순한 노동에 몰두하면서, 진정한 의미에서 스스로 땀 흘려 먹을 것을 마련하는 일이 어떤 의미인지를 배웠 다. 그러다가 『선과 모터사이클 관리술』이라는 책을 읽었을 때 불이 환희 밝혀지는 느낌을 받았다. 그 책에서 저자 로버트 피어 시그는 산에 오르는 두 가지 방법, 즉 자존심을 만족시키기 위한 산행과 자존심을 초월한 산행에 관해 이야기한다.

근본적으로 다른 두 사람이지만, 둘 다 한 걸음 한 걸음 차례로 옮겨놓는 것은 같았다. 둘 다 (…) 똑같이 숨을 들이쉬고 내쉬었다. 둘 다 지치면 휴식을 취했고 다 쉬었으면 다시 길을 나섰다. 하지만 둘의 차이는 실로 엄청나다! 자존심을 만족시키 기 위해 산행을 하는 사람은 고장 난 기계장치 같다. 그는 발을 너무 빨리 내딛거나 너무 늦게 내딛는다. 나무들을 스치며 내리 비추는 햇빛이 얼마나 아름다운지도 알아채지 못한다. 흐트러진 발걸음이 자신이 지쳤다는 사실을 알려주어도 아랑곳없이 계속

걷는다. 그래도 도저히 어쩔 수 없을 때는 그도 휴식을 취한다. 가야 할 길이 얼마나 남았는지 보려고 앞쪽을 올려다본다. 이미 몇 초 전에 보았는데도 말이다. 그는 상황에 맞추어 걷는 게 아니라 너무 빠르게 혹은 너무 느리게 걸어가며, 이야기를 할 때는 반드시 다른 어딘가, 다른 무언가에 대해서만 말한다. 그는 여기에 있지만 여기 있지 않은 것이다. 여기를 거부하고 여기에 만족하지 못하며, 어서 더 높이 오르기만을 바란다. 하지만 일단 정상에 올라도 그의 불만은 해소되지 않는다. 이제는 정상이 '여기'가 되었기 때문이다. 그가 추구하는 것, 그가 원하는 것이 바로 자기 주변에 있지만, 그것이 주변에 있다는 바로 그 이유 때문에 그것을 원하지 않는 것이다. 내딛는 한 걸음 한 걸음은 육체적으로도 정신적으로도 안간힘을 쏟는 노고이다. 그가 자신의 목표를 외부에 있는 것, 아주 멀리 떨어져 있는 것으로 상정하고 있기 때문이다.

중요한 것은 무엇을 성취하느냐가 아니라 어떤 '마음가짐'으로 그 일을 수행하느냐이다. 그것은 출근길만 봐도 알 수 있다. 어떤 때는 출근길이 기쁨 자체다. 햇살을 받으며 평온하게 걷거나 차를 타고 달리면서 유쾌한 기분을 만끽한다. 또 어떤 때는 똑같은 그 길이 시간을 앗아가는 장애물 경주로만 여겨진다. 그 길을 어떻게 느끼는가는 사실 외적인 조건들에서는 조금밖에 영향을 받지 않는다. 비 오는 날 뒤늦게 도착한 만원 버스도 긍정적으로 받아들일 수 있는 반면, 햇살이 환한 날도 우울한 생각을 떨치지 못할 수도 있다. 평소라면 긴장을 풀어주는 편안한 길을 갈 때에도 기분이 어두우면 에너지가 급격히 소진된다. 일에 대한 잘못된 태도도 우리의 기운을 앗아가고 번아웃 상태에 빠트릴 수 있다. 이러한 증상이 나타나는 첫 단계에는 성공이 자리 잡고 있는 경우가 종종 있다. 무엇이든 성공할 것처럼 일들이 술술 풀린다. 그런 순조로운 상태가 동기를 더 자극하면 다른 것은 아무것도 안 보이는 도취된 노동이 시작된다. 그러한 '몰입상태'는 일시적으로는 대단한 행복감을 안겨주지만 동시에 아주 위험한 측면도 내포하고 있다. 오늘날에는 누군가 자신의 일에 완전히 몰두한다고 말하면, 흔히 무조건 성공적인 직장 생활을 하고 있다는 의미로 받아들인다. 어찌 그보다 더 좋을 수 있단 말인가?

그런데 두 베네딕트회 수도사들은 바로 그 지점에서 위험을 감지한다. 이런 관점이 의아할 수도 있지만 사실은 경험에서 우러나온 통찰이다. 루페르트와 그륀은 이렇게 썼다. "모든 노동은 노동하는 사람을 완전히 독점하려는 경향이 있다." 많은 회사들에서는 서로 제일 먼저 퇴근하는 사람이 되지 않으려는 모종의 경쟁적 압박이 작용하며, 먼저 퇴근하는 사람은 '패배자'로 간주된다. 자기가 정시에 일을 마칠 수 있다고 자신하지 못하는 사람은 다른 사람들이 정시에 마치는 것도 흰 눈으로 보는 것이다. 그런 식의 투사는 매우 원시적인 방어기제이지만 유감스럽

여가 시간에만 자유로운
사람은 노동 안에서는
수감자인 셈이다. 노동을
삶의 구성 요소로 여기지
않으면 창조성은 위험에
빠진다. 창조적인 일을
하는 사람에게 창조성은
자유의 장소이자, 그
자체로 인생이며 삶의
방식이다.

게도 대단히 널리 퍼져 있다. "물론 일 중독자는 일을 많이 하지만, 거기서 이렇다 할 결과가 나오는 것은 아니다. 그는 자신을 증명하기 위해 일이 필요한 것이다. 언제나 무언가 할 일이 있어야만 한다. 그러나 그에게는 창조적인 순간들에 쏟을 시간은 없다. 그에게 노동은 유동적이지 않다. 오히려 일 중독자는 자기 일 뒤에 숨는다. 베네딕트회의 표어는 우리가 노동을 통해 자신을 증명해야 한다거나 노동 뒤에 숨어야 한다는 압박에서 우리를 해방시킨다." 역시 그륀과 루페르트의 말이다. 포괄적인 목표를 위해 일하는 사람이라면 노동에 대한 거리를 유지해야 하고 노동 속에서 자신을 잃어버리지 말아야 한다. 이러한 건강한 거리두기에서 내적인 자유가 생기고, 이런 자유는 동기부여뿐 아니라 창조성에도 유익하다. 요제프 보이스가 "나는 힘을 소비함으로써 나에게 영양을 공급한다."라는 도발적인 말을 한 배경에도 이런 바탕이 있을 것이다.

불교에도 노동과 바로 연결되는 윤리적 원칙이 있다. 깨달음에 이르게 해준다는 팔정도는 '전체적인 품행' 또는 '올바른 생활', 즉 정명正命을 강조한다. 미하엘 폰 브뤼크에 따르면, 이때 생계를 위해 돈을 버는 방식은 바른 생각, 즉 정념正念과 자비라는 불교의 두 가지 중심적 가치에 부합해야 한다. 서구 기독교에서는 노동을 무엇보다 경제와 관련하여 보는 반면, 불교 경제학에서는 노동을 윤리와 연결한다. 프란츠 요하네스 리치의 말처럼 "노동 또는 생계유지의 의미는 생명—나의 생명과 내 가족의 생명, 다른 사람의 생명, 모두의 생명—을 유지하는 데 있다. 불교에서 노동은 생명 유지, 생명 보호, 생명 돌보기이다." 이러한 생각은 만물이 서로 연결되어 있다고 보는 세계관에서 나온다.

조금만 생각해보아도 쉽게 이해할 수 있다. 여러분이 이 책을 읽고 있는 것은 저자인 나 한 사람이 이 책을 썼기 때문만은 아니다. 친구들과 가족들이 뒤에서 힘이 되어주었고, 출판사와 여러 공동 작업자들이 자신들의 노동력과 창의성을 보태주었으며, 마지막으로는 서적상들이 이 책을 추천하고 판매해주었기 때문이다. 내가 저자로서 이 책이 '나의 책'이라고 생각한다면 그것은 착각이다. 그 이전에 먼저 종이를 만든 누군가가 있고, 이전에 출간된 다른 많은 책들이 있다. 그리고 검은색 작은 활자들로 이루어진 행들이 일단 여러분의 머릿속에 생각들을 가득 채우면 여러분도 공동 저자가 되는 것이다. 이것이 바로 불교의 관점이다. 나는 서로 연결된, 그러나 무상한 사건들의 연쇄에서 작은 마디 하나일 뿐이다. 제지업자부터 독자까지 모두가 이 책에 함께하는 존재들이다. 이 모든 연결—훨씬 더 거대하며 한눈에 다 개관할 수 없고 무상한—이 없다면 아무것도 존재할 수 없었을 것이므로 나 혼자 우쭐할 이유는 전혀 없다. 이러한 경제관에서는 생명 보존과 관련하여 이렇게 생각한다. 리치가 쓴 글대로 "생명을 해하는 자는 자신을 해하는 것이며, 생명에 기여하는 자는 결국 자기 자신에게 기여하는 것"이다.

달라이 라마는 『달라이 라마 나는 미소를 전합니다』에서 이런 점을 반어적으로 표현했다. 그는 이기적인 사람을 상대로 상담을 들어줄 때는 무조건 동정적이고 사심 없이 대하는데, 스스로 행복해지는 유일한 방법은 다른 사람을 행복으로 인도해주는 것뿐이기 때문이다. 다시 한 번 더 시야를 넓혀서 보면 이 말은 경제에도 그대로 적용할 수 있다. 동료들과 동업자, 의뢰자의 만족은 우리에게 곧바로 되돌아온다. 세계가 모두를 포괄하는 연계라는 생각은 신이나 불교가 없어도 그대로 성립한다. 모터사이클 정비소를 운영하는 철학자 매튜 크로포드는 『모터사이클 필로소피』의 말미에 이렇게 썼다.

독립성이라는 개념은 고립을 상정한다. 다른 모든 존재로부터 고립된 존재를 '자유롭다'고 표현할 수 있다면, 독립적 존재는 자유롭다. 자기 자신을 그런 존재로 본다는 것은 우리가 본디 세계로부터 입은 은혜를 부인하는 일이며, 은혜를 모르는 도덕적 과오를 저지르는 것이다. 사실상 우리는 필연적으로 의존적인 존재들이기 때문이다. 사람들은 서로 의존하며, 각자는 스스로 창조한 것이 아닌 세계에 의존한다. 자각적으로 살아간다는 것은 인간으로서 자신이 처한 의존 상황을 온전히 의식하고 있다는 것을 의미한다. 좋은 삶을 산다는 것은, 그러한 상황을 이해하고 받아들이면서 탁월함을 향하여 꾸준히 노력하는 것이다. 경제적 상황에 따라 그러한 삶에 더 유리한 상황도 있고 불리한 상황도 있다. 노동을 설계하는 일이 실제로 노동을 행하는 장소와 분리된다면, 우리는 서로에게서 분리될 뿐만 아니라 각자 자기 자신과도 분리되는 것이다. 생각과 행동은 분리할 수 없는 것이기 때문에 우리는 다른 사람들과 함께 합리적인 활동을 하는 데서 온전한 자기만족을 얻는다.

피델리스 루페르트와 안셀름 그륀은 "고요하고 차분한 방식으로 일을 하고 사물들을 다룰 것"을 권한다. 대부분의 독자는 수도원에서 생활하거나 모터사이클 정비소를 운영하거나 매일 아침 명상으로 하루를 시작하지는 않을 것이다(이 중에서 명상은 꼭 한 번 시도해보는 게 좋다!). 대체로 우리는 사회적 강압들 속에서 각개전투를 벌이거나 사무실의 은둔자로서 분주하고 산만한 일상을 보낸다.

───────── 2.04〉 **일에 빠져 자신을 잃지 않으려면**

일에 완전히 몰입하는 사람은 자기 인생에 대한 전체적인 시야를 놓치기 쉽다. 그렇게 제한적인 시각은 경험들을 인위적으로 제약하므로 결국 창조성에도 해롭다. 직업상의 사고방식을 다른 모든 영역에까지 확대하면 다른 것은 아무것도 보이지 않는다. 그런 결과를 피하는 데는 생활의 실제적 측면들이 도움이 된다. 예컨대 아이들이나 반려동물, 심지어 병을 잃는 일 등이 그렇다. 세 가지 모두 우리에게 방해가 되든 말든 아랑곳없이 자신이 필요한 것을 요구하기 때문이다. 이 셋은 통제하려 해서도, 과도하게 조종하려 해서도 안 된다. 어차피 불가능한 일이기 때문이다. 아이가 우리를 편히 자게 내버려두는지, 개나 고양이가 무언가를 쫓아다니지는 않는지, 우리의 건강이 유지되는지 등은 모두 운명에 맡길 수밖에 없다. 그리고 종종 그 운명은 우리에게 가장 달갑지 않을 때 닥쳐온다. 가족제도 안에서는 한 사람이 신체나 정신에 병이 들면 다른 모든 가족에게 그 영향이 미친다. 아이들이 예측할 수 없는 변수로 작용하고 있다면 마감 기한을 맞추는 것도 쉽지 않다. 물론 직장에서 이해해주는 경우도 있지만, 우리 내면에서는 또다시 '실패'하고 말았다는 분노와 좌절감이 퍼져나간다.

창조적인 일을 하는 사람들은 지속적으로 창의성을 펼치지 못하다 보면 커다란 심리적 압박감에 짓눌린다. 그리고 세상 무엇도 해결할 수 없다는 씁쓸한 통찰에 도달한다. 종교들이 내놓는 기본적인 답들도 바로 그러한 사실을 직시하는 것이며, 또한 바로 그 지점에서 종교가 시작된다. 천국의 문은 우리가 아무리 세차게 흔들어도 결코 열리지 않는다는 것이다. 프로이트는 심지어 그러한 신이 창조한 세계의 틀 안에서는 행복이란 아예 예정되지 않은 것이라고까지 주장했다. 그러니 행복을 요구할 권리는 없다는 것이다. 그러나 드러내놓고 말하지는 않아도 많은 사람들이 은연중에 인생은 우리에게 행복을 안겨줘야 한다는 생각을 갖고 있다.

붓다는 '인생은 고통을 안겨준다'는 것이 가장 중요한 진리라고 생각했다. 고통에 찬 출생부터 갈등 가득한 성장기를 거쳐, 고달픈 성인의 삶을 지나 늙고 병들어 죽기까지 인생은 인간을 끊임없이 고통스럽게 만든다. 그러나 우리가 그 사실을 정확히 인식하면 다시 침착한 상태로 돌아갈 수 있다(이는 그리 간단한 일이 아니기 때문에 불자의 길은 지속적인 연습으로 채워진다). 이러한 은유들이 수천 년 동안 유지되어온 것을 보면, 모든 고통으로부터 해방시켜준다고 약속하는 사람들이나 약물이나 기계들에 대해서는 조심하는 편이 좋을 것이다. 얼핏 그럴듯하게 들리는 개념들을 바탕으로 지상에 낙원을 건설하려 한다면 재앙이 될 수도 있다. 철학자 칼 포퍼는 그런 시도에서 생겨날 수 있는 것은 지옥뿐이라고 생각했다.

노동과 생활을 분리하지 않고 소명 의식만을 따르는 사람은 자신이 하는 일에 대해 거리를 유지해야 한다. 또한 자신이 정확히 어떤 역할을 하고 있는지 명확히 해야만 한다. 특히나 창조적인 일을 하는 사람들의 경우에는 그 점이 불확실할 때 큰 좌절감을 느낄 수 있다. 예컨대 연필과 붓과 물감으로 이루어진 삶을 살면서 자신의 사무실이나 아틀리에에서 생활하는 사람들을 생각해보자. 그들은 일러스트레이터로 일할 수도 있고 자유로운 예술가로 일할 수도 있다. 손으로 하는 작업이라는 관점에서 보면 그 역할들은 거의 구분되지 않는다. 그림을 그리려는 사람이라면 매일 그림 연습을 해야 하고 그것은 평생 계속해야 할 일이다. 토미 웅거러*는 순수하게 기술적인 그림 연습으로 매 일(근무)을 시작해왔는데, 나이가 들어도 직업적 성공을 거두어도 그점은 달라지지 않았다. 그의 위대한 작품 목록을 살펴보면, 일단 어린이 책이나 노래 책의 유명한 삽화들이 있고 다양한 종류의 책들에 사용된 그래픽 디자인을 볼 수 있다. 그리고 웅거러가 직접 글을 쓰고 그림을 그린 본인의 저서들도 있으며, 현재 미술관에 전시되어 있거나 미술품 시장에서 거래되고 있는 그림들도 있다. 자신이 지금 일러스트레이터로서 붓을 쥐고 있는지 화가로서 붓을 쥐고 있는지를 정확히 염두에 두면 자신의 일에 대해 적절한 거리를 둘 수 있다.

그륀과 루페르트는 자신의 내적 태도를 인식하기 위한 '사전事前명상'을 추천한다. 수도원의 맥락에서는 앞으로 일어날 일에 대해 기도하고 신의 축복을 비는 일이 이에 해당한다. "사전명상은 의지에 대해 작동하는 것이 아니다. (…) 나는 내가 긍정적인 가능성들 속에 있는 상황을 머릿속에 상상한다. 그런 상상을 해보면 실제로 이미 내 안에 갖추어져 있는 것이 무엇인지를 알아차리게 된다." 그러나 우리는 신에게 의지하지 않아도 자신의 역할을 인식하고, 일하는 동안 그것을 잊지 않도록 집중할 수 있다. 일러스트를 그리는 사람에게는 자신이 특정한 방식으

◆ 프랑스의 동화 작가이자 일러스트레이터.

로 서비스를 제공해야 할 의뢰자가 있고 대상이 있으며 주제나 텍스트가 있다. 예술가로서 작업하는 사람은 서비스라는 측면에서는 훨씬 자유롭고 특권도 있지만 동시에 커다란 부담도 짊어진다. 그는 필연적으로 예술사라는 긴 전통에 속해 있는 동시에 자기 내면 깊숙이 자리 잡은 문제의식을 외적으로 표현하려 하기 때문이다.

일이 끝나면 마무리를 할 차례다. 루페르트와 그륀은 이렇게 썼다. "사후事後명상에서는 지난 하루 동안 한 일을 다시금 찬찬히 돌이켜 본다. (…) 나의 내면 상태에 따라 사후명상을 하는 중에 여러 가지 일들이 계속 다시 떠오르고 내 생각을 사로잡는다." 이런 과정은 단순히 기술적인 후속 처리가 아니라 한 역할에서 다른 역할로 이행하는 일종의 문과 같다. 내면에서부터 서서히 일러스트레이터에서 벗어나 어머니로, 운동선수나 독자로, 개를 키우는 사람이나 게으름뱅이로 돌아갈 수 있다. 이렇게 되돌아보는 과정을 거치면, 중요한 사항을 기억해두고 스케줄표도 점검하면서 일의 다음 단계를 더 잘 준비할 수 있다.

일의 틀을 잘 잡아두고 자신의 다양한 역할들을 자각하고 있으면 우리의 머릿속도 잘 정리된다. 어떤 일을 언제 시작해서 언제 끝낼까? 낮에는 일러스트레이터로 밤에는 화가로 일하는가? 아니면 주 단위 또는 시간 단위로 두 활동을 번갈아 하는가? 이런 것들을 생각해두면, 어떤 과제가 시간을 너무 많이 빼앗을 경우 그것을 잘 알아차릴 수 있는 장점이 있다. 원하는 서비스만을 기대하고 바로 그것에 대해 돈을 지불하는 의뢰자에게, 욕구 불만에 차서 예술적 자기실현에 대한 소망을 피력한다면 실망스럽고 외람되고 불손한 일이다. 한편 다른 사람의 기대만을 충족시키는 예술은 예술이 아니다. 일러스트레이션이 밥벌이를 위한 직업이라면 한 주에 50시간씩이나 그 일에 쏟아부으려 하지는 않을 것이다. 하지만 그 일이 자신이 가장 큰 열정을 느끼는 일이라면 무엇이든 기꺼이 하려 할 것이다. 어떤 일이 우리를 행복하게 하거나 불행하게 하는 근원은 그 일 자체에 있는 것이 아니다.

~~~~~~~~~ 2.05> **생각보다 경험이 더 큰 연료가 된다**

"노동은 우리의 결함과 약점과 한계를 드러내준다." 베네딕트회 수도사 루페르트와 그륀의 말이다. 노동이 우리에게 성장의 기회가 되는 것도 바로 그 때문이다. 그리고 동시에 함정이 될 수도 있다. 지난 몇십 년 동안 직접 손으로 작업하는 노동 형태는 쇠퇴 일로를 걸어왔다. 이는 창조적 직업군에서 특히 더 심하다. 컴퓨터가 많은 일들을 단순하게 해주고 놀라운 가능성들을 제공해주었기 때문이다. 문장에 사용할 서체를 고를 때 직접 캘리그래피용 펜촉으로 작업하는 사람은 갈수록 찾아보기 어렵다. 또 컴퓨터로 사진을 수정하고 출력하는 사람은 현상소에서 하는 수공 작업에 대해 모르는 경우가 많다. 일러스트레이터들도 사진을 보고 그리는 그림과 실제 풍경이나 사람을 직접 보고 그리는 그림에 큰 차이가 있다는 것을 잘 안다.

이러한 가상성 때문에 우리가 잃는 것은 무엇일까. 그것은 이렇게 은유적으로 생각해볼 수 있겠다. 산을 오르는 일에 관해 알고 싶은 사람이라면, 지도에서 고도를 살펴볼 수도 있고 길찾기 프로그램의 결과를 검색해볼 수도 있으며 자동차나 자전거를 타고 올라갈 수도 있고 직접 걸어서 올라갈 수도 있다. 산에 오르는 방법은 다양하며, 선택한 방법에 따라 산을 오른 경험과 산에 대한 관계는 각자 달라진다.

새로운 미디어나 기술이 발명되면 대체로 부정적으로 보는 경향이 있다. 18세기만 해도 소설은 곱지 않은 시선을 받던 장르였고, 소설을 읽는 것은 도덕적 타락으로 여겨졌다. 오늘날에는 어떤 내용이든 상관없이 소설을 읽는 것은 교육적으로 가치 있는 일로 간주되는 반면, 컴퓨터 게임은 위험한 일로 치부된다. 때로는 새로운 것에 대한 의심의 눈초리가 너무 과도해서 비판의 과녁을 빗나가기도 한다.

예술적 작업에 사용되는 재료는 다양하다. 돌덩어리로 조각품을 만들어내려는 사람은 논변의 한계가 아니라 돌의 한계에 맞부딪히며 실질적인 경험을 한다. 제품 디자이너가 아이디어를 컴퓨터에서만 시뮬레이션해보고 실제 모형을 만들어보지 않는다면 경험적 측면은 놓칠 수밖에 없다. 손은 전혀 쓰지 않고 머리로만 일하는 사람은 순식간에 세계가 무엇보다 우리 뇌의 구성물일 뿐이라는 생각에 사로잡힌다. 매튜 크로포드는 바로 그 주제를 다루었다. 그는 한때 미국의 중요한 싱크탱크에서 일했던 철학 박사이다. 그러나 오랜 공부를 마치고 꿈에 그리던 직업을 갖고 높은 수입을 올리게 되자, 그는 곧 '화이트칼라 우울증'에 빠지고 말았다. 지나치게 머리만 쓰고 시류에 편승하는 사무직의 일상을 보내다 보면 그런 침울한 상태에 빠질 수 있다는 것을 많은 사람들이 경험으로 알고 있다. 얼마 후 크로포드는 그결과를 인정하고 싱크탱크를 박차고 나왔으며, 지금은 작은 모터사이클 정비소를 운영하고 있다. 특히 구식 모터사이클을 전문적으로 취급하는데, 그가 아무리 화이트칼라 직종을 버리고큰돈을 포기한 이력이 있다고 해도 그가 일하는 일상은 결국 정비공의 일상이다. 여기서 그는 매우 섬세하지만 동시에 지극히구체적인 해결책이 필요한 실제적인 문제들에 부딪힌다. 결함이있는 모터사이클이 정비소에 들어오면 어떻게 해서든 제대로 작동하게 만들어 내보내야 한다. 그 과정은 명백하게 측정 가능하며 주관적인 판단에 좌우되지 않는다.

이런 식의 직종 변경은 흔치 않다. 다양한 직업들에는 각자 다양한 명망이 결부되어 있기 때문이다. 수입과 위신이 실질적으로 떨어지는데도 고개를 빳빳이 들고 자신의 직업적 꿈을실현할 수 있는 사람은 얼마 되지 않는다. 무엇보다 먼저 자신이 어떤 일을 할 때 행복한지를 분명히 알아야 한다. 이 문제에대해서는 주변의 의견에 휘둘리지 않아도 된다. 크로포드의 경우에는 결과적으로 모든 면에서 현명한 선택이었다. 또한 그 일은 지적인 퇴보도 아니었다. 모터사이클 정비는 흔히 돈을 지불하는 사람이 나올 결과까지 결정해버리는 학술적 위탁 업무보다 그에게서 훨씬 더 큰 창의성을 요구했다. 이는 무엇보다 숙련된 기술 노동이 우리가 한 작업의 질에 대해 직접적이고 반박의 여지가 없는 피드백을 돌려주는, 실제로 존재하는 세계와 직면하게 만들기 때문이다.

정신노동과 육체노동이 우리에게 불러오는 결과들은 사뭇 다르다. 사람들은 어림짐작으로 "어떤 일을 하든 간에 상처를 입는 것은 마찬가지라고 말할지도 모른다. 전기공은 빈 공간에 기어 들어갈 때 정체를 알 수 없는 온갖 입자들을 잔뜩 들이마신다. 무릎도 긁히고, 천정에 등이나 환풍기를 설치할 때면 목 근육에 경련이 일어나며, 도체를 밟고 서 있을 때는 수시로 감전된다. 금속 케이블과 모서리가 날카로운 케이블 상자를 다루며, 금속 도선을 자르기 때문에 손도 자주 베인다. 그러나 이런 부상들은 자존감을 손상시키지는 않는다." 드라이버를 들고 일하는 철학자 크로포드의 말이다.

대체로 사람을 비참하게 만드는 것은 손이 아닌 머리로만 하는 일인 '생각'이다. 포스트모던한 지식 노동은 광산에서처럼 중노동을 하지 않아도 된다는 장점은 있지만, 하루를 보낸 뒤 자신이 그날 얼마나 많은 것을 밝혀냈는지, 자기가 한 일의 질이 어느 정도 수준인지 전혀 알지 못한다. 이런 상태는 한편으로는 자신에 대한 좌절감을 안겨주고, 다른 한편으로는 창의성의 문

대체로 사람을 비참하게
만드는 것은 손이 아닌
머리로만 하는 일인
'생각'이다. 지식 노동은
물리적 위험에서는
안전할지 모르지만 영혼의
위험에서는 그렇지
못하다.

제와 직접 연결된다. 우리가 한 일에 대해 전혀 평가할 수 없다면 우리가 창의적인지 아닌지 도대체 어떻게 알 수 있겠는가. 물론 직장 상사에게서 (상사가 있다면 말이지만) 평을 듣거나, 고객이 우리가 내놓은 결과물에 대해 기꺼이 돈을 지불하려 하는지 어떤지는 알게 될 수도 있다. 그러나 그런 일은 엄밀히 말해서 매우 드물다. 갱도가 무너지는 물리적 위험에서는 안전하지만 영혼의 위험에서는 그렇지 못한 것이다. 자존감은 마치 우리 안에 갇힌 것처럼 사무실 안에 봉쇄되어 있다. 좌절감은 어떤 면에서는 중요한 요소이고, 심지어 창조적 과정의 연료 역할을 하는 경우도 많다. 새로운 아이디어는 저절로 생겨나는 게 아니다. 그러나 문제가 되는 것은 노동의 가상적 성격이 우리에게 더 이상 세계와 접촉하고 있다는 느낌을 주지 못하고, 그로 인해 우리가 정신적 곤경에 빠진다는 사실이다. 이 때문에 크로포드는 지나치게 남발된 '창의성'과는 전혀 다른 '탁월함'이라는 개념을 사용한다. 충분히 납득이 가는 선택이다.

_____ 2.06> **지금 하는 일의 일부가 되어라**

위의 고찰로부터 일의 예술에 관한 결정적인 결론이 나온다. 그것은 바로 좋은 노동과 좋은 삶은 서로 어울려 하나의 전체를 이룬다는 것이다. 그러니까 핵심은 생계를 위한 노동과 여가가 서로 배치되는 것이 아니라, 삶을 이루는 커다란 한 부분으로서 노동이 다른 모든 것에 영향을 미친다는 것이다. 노동이 바로 삶이다! 물론 소외된 노동은 분명히 존재하며, 그 보상으로서 자유로운 여가 시간이 필요한 것은 사실이다. 철학자 테오도르 W. 아도르노가 예술 향유를 취미의 영역으로 몰아넣는 여가 산업에 반대하는 것은 바로 그런 이유에서다. 또한 "여가 대신 자유를!"이라는 요제프 보이스의 문장도 바로 그렇게 이해할 수 있다.

그러므로 어떤 직무 또는 활동을 선택하는 일에는 직업이라는 가벼운 개념이 암시하는 것보다 훨씬 많은 것이 결부되어 있다. 우리의 노동은 우리의 성격과 연결되어 있다. 다양한 직업들은 단순히 외적이고 임의적인 활동에 그치는 것이 아니라, 그 일을 수행하는 사람의 다양한 성격들과 사고방식들까지도 요구한다. 시계 만드는 기술이나 금세공 기술에 매력을 느끼는 사람들과 사회복지 업무나 경영 자문에 매력을 느끼는 사람은 전혀 다르다. 이런 점은 박람회나 업종별 대회에서 잘 드러난다. IAA(프랑크푸르트 국제모터쇼)나 CeBit(사무·정보·통신기술 중앙전시회)에서는 도서박람회에서와 다른 사람들을 만나게 될 뿐 아니라 전체적인 분위기도 전혀 다르다.

한 분야 안에서도 사고방식의 차이가 드러난다. 커뮤니케이션 디자이너와 제품 디자이너가 서로 다르고, 웹디자이너와 북디자이너, 캘리그래퍼, 사진가가 다 다르다. 그리고 자신에게 맞는 직업을 찾은 것을 행운으로 여긴다. 이런 이야기들이 때로는 마치 동화처럼 과장되기도 한다. 때로는 사람이 직업을 찾는 것이 아니라 직업이 사람을 찾는 것 같을 때도 많다. 일은 우리에게서 너무 많은 것을 요구하고, 그래서 특정한 수준의 질에 도달하려면 우리가 그 일의 한 부분이 되어야만 할 정도이다. 하지만 일의 경험과 삶의 경험도 전문 지식에 더해진다. 이 두 경험은 모두 창조적인 삶에 없어서는 안 될 직관에 영향을 미친다.

그러므로 우리가 탁월함에 도달하기 위한 노력을 시작하면, 그 노력은 일을 훨씬 넘어서는 범위까지 미치며 "어떤 것을 좋은 삶으로 볼 수 있는지에 대한 포괄적인 이해가 가능해진다."고 크로포드는 말한다. 내가 전통에 대한 온당한 겸손과 열정을 갖고 추구하는 일이라면, 그 일은 특정한 가치들과 연결되어 있을 뿐 아니라 나를 특정한 사람들과 연결해준다. 우리는 법률가가 법적으로 정치적으로 올바르고 정의를 지지하는 사람이기를 바라며, 요리사는 재료들을 사랑하고, 음악가는 음악을 사랑하는 사람이기를 바란다. 매튜 크로포드는 모터사이클을 수리하기만 하는 것이 아니라 모터사이클 타는 것을 좋아하고 자기보다 더 잘 타는 사람들을 존경한다. 서체 디자이너든 요가 강사든 지붕 만드는 장인이든 간에 우리와 함께 일하는 사람들 또는 우리의 노동에서 이득을 취하는 사람들이 자기 삶에서 무언가를 제대로 해낸 사람이라고 믿을 수 있다는 것은, 우리의 노동을 의미 있게 하는 데 결정적이다.

크로포드가 중요하게 생각하는 점은 노동이 우리를 특정한 가치 공동체에 닻을 내리게 한다는 것이다. "내가 하는 기계적인 작업은 더욱 광범위한 의미 영역을 이루는 하나의 구성 요소이다. 그 작업이 우리가 좋은 삶을 이루는 한 부분이라고 여기는 활동에 기여하는 것이다. 꼭 말로 표현해야 할 필요는 없지만, 우리 공동체의 모든 구성원들이 공유하고 있는 이러한 의식이야말로 탁월함의 구체적인 상들을 지향할 수 있도록 우리를 결합해주는 우정의 토대이다. 나는 모터사이클 타기를 특별히 추천하려는 것도, 정비공의 삶을 이상화하려는 것도 아니다. 그보다는 우리가 자신의 행동을 그 근원까지 소급해가다 보면 좋은 삶에 관해 무언가를 발견할 수 있다는 말을 하고 싶은 것이다. 우리가 이해하는 좋은 삶이 어떤 것인지 묘사하는 것은 쉽지 않을지도 모른다. 그런 설명을 하려면 도덕적인 탐색이 필요하다. 공동체 내의 실제적인 활동들과 활발한 논의가 그러한 탐색에 도움이 될 수 있다. 이러한 논의를 통해 우리 삶의 노동은 자체의 일관된 논리를 지닌 하나의 전체가 될 수 있다."

그 논의를 위해서는 분명히 두 가지 동기가 필요하다. 그 활동 자체에서 나오는 동기와 우리와 가치 지향점을 공유하는 이들에 대한 내적 친밀감에서 나오는 동기이다. 아마도 이 길 위에서는, 우리의 삶을 건설적으로 규정하는 노동 세계의 한 부분이 되는 것보다 더 어렵고 더 중요한 과제는 없을 것이다. 탁월해지기 위해서는 사진을 찍는 것만으로는 충분하지 않다. 자기 스스로 사진가가 되어야 하며, 그럼으로써 사진 찍는 일을 다른 무엇보다 사랑하는 사람들 무리의 일부가 되어야 한다. 과거에 그러한 신조대로 살았고 스스로 사진의 일부가 되었던 사람들의 오랜 전통에 스스로 속한다고 여기는 것이다. 제대로 보는 방법을 배워야 하고, 그러기 위해서는 하나의 도구 혹은 시장의 부문들을 다루는 것보다 훨씬 많은 것이 필요하다.

_____ 2.07> **창조적 활동에 유리한 환경**
현대적인 건축물에 자리 잡은 냉랭한 분위기의 사무실보다는 중세 장인의 공방이나 고요한 수도원, 예술가들의 생활공동체가 훨씬 더 창조에 적합한 장소일 것이다. 창조적인 일을 하는 사람들을 후원하려 한다면, 그들이 다른 사람들과 함께 이룬 공동체 안에서 한적하게 머물 수 있게 보장해주는 후원금을 제공하는 것이 좋은 방법이다. 그런 곳에서는 종일 자신의 독방이나 아틀리에, 작업실에서 작업을 하다가 식사 시간이 되면 창조적인 일을 하는 다른 사람들을 만날수 있다.

현대의 사무실들은 그와는 정반대다. 실내장식이 엄숙한 분위기이든 아이들 방처럼 꾸며져 있든 마찬가지다. 창의적인 일을 하는 현대의 사무실들, 적어도 역사적으로 생겨난 지 얼마 안 된 미술이나 그래픽, 광고 분야에서만큼은 부르주아적인 사무실의 압박감을 잘 모를지도 모른다. 따라서 그들은 조용한 사무실과 오래 이어지는 운명 공동체, 늘 변함없이 존재하는 것들이 얼마나 소중한지 잘 알지 못한다. 출근 시간 기록기와 동료들과 상사들의 감시를 받으며 오전 9시부터 오후 5시까지 꼼짝없이 앉아 있어야만 하는 책상은 이제 멸종 위기종이다. 그렇게 묶여 있는 상태를 그리워하는 사람은 없겠지만, 새로운 자본주의 문화의 하나로만 여겨지고 있는 새로운 노동 문화에 대해서도 우리가 정말 기뻐해야만 하는 것인지 모르겠다.

불가피한 협소함으로 인한 여건들은 인간미 없는 전형적인 관료 체제에서는 오히려 기능적인 장점으로 작용했다. 테마파크를 연상시키는 오늘날의 노동 형태들은 장부를 다루는 단조로운 일에도, 창조적인 과정에도 모두 부적합해 보인다. 역사학자이자 저널리스트이며 뉴욕 독일문화원을 이끌고 있는 크리스토프 바르트만은『사무실 생활Leben im Buro』에서 새로운 사무실 문화에 대해 이렇게 고찰했다. "오늘날의 사무실에서는 책임자들이 아니라 프로그램들과 도구들이 결정권을 행사한다. 과거에는 자신들에게 지도력이 있음을 당연시했던 운영진은 하나의 유기적 개체가 되어버린 사무실 안에서 뒷전으로 물러나 있는 것처럼 보이며, 이제는 그 사무실-개체들 자체가 합의와 계약 내용들을 바탕으로 스스로 운영해나가고 있다. 사무실에서 하나의 혁명이, 다시 말해서 관리 통제의 혁명이 일어난 것이다. 한때 사무실이었던 곳이 이제는 오피스가 되었다. 지금은 새로운 제

2의 관료 체제의 시대이다. 현재 우리를 지배하고 있는, 또는 우리가 스스로를 통제하도록 도와주는 컴퓨터 소프트웨어와 경제 경영학, 긍정심리학의 연합체를 우리는 오피스라고 부른다."

오늘날의 통상적인 사무실들은 다른 것은 몰라도 결코 우리가 안전한 둥지를 틀 수 있는 장소는 아니다. 현대의 오피스는 혼자 외따로 떨어져 일하는 것을 가만히 두지 않는다. 그래서 방해받지 않으려면 자신의 사무실을 피해야 하는 지경에 이르렀다. 한 주에 하루 이틀 정도는 연락도 방해도 받지 않고 재택근무를 하는 사람들이 훨씬 생산성이 높은 경우가 많다. 오늘날에는 개인 집에 사무 공간을 마련해두는 것이 당연한 일로 여겨지기도 한다. 이런 점에서는 아직 어린 자녀가 있는 사람들이 확실히 불리하다. 현대의 사무실 건축은 집중적인 노동을 사무실에서 밀어내 '홈 오피스'로 몰아넣었다.

우리가 아무리 협동 정신을 추켜세운다고 하더라도 창조는 고독한 작업이다. 바로 그렇게 고독하기 때문에 공동체라는 틀이 반드시 필요하며, 그렇지 않을 경우 그 고독감은 결국 고립이 되고 만다. 그러나 이제 진정한 공동체는 흔치 않고 오늘날에는 단순히 팀이라고 칭할 수 있는 것이 그 자리를 대신한다. 우리는 팀이라는 것을 무엇보다 당면한 프로젝트를 무리 없이 처리하고, 그런 다음에는 헤어짐을 아쉬워하는 마음조차 없이 해체해버리는 일시적인 목적 공동체로 이해한다. 팀의 전제 조건은 구성원들 간의 매끄러운 의사소통이며, 개성이 강해서 튀는 성격은 적합하지 않다. 또한 기업의 세계에서는 사교성과 사람을 잘 사귀는 성격도 가벼운 잡담을 주고받음으로써 마찰을 피하게 해주는 직업상의 기술들이다. 그러나 나의 친애하는 발행인이 즐겨 사용하는 은유를 인용하자면 "마찰이 있는 곳에서만 광이 난다!"

오피스와 팀은 무언가를 창조하는 과정에 좋은 틀이 아니다. 공동체성의 측면들은 서서히 성장하는 것이며, 각자 성격과 개성이 다른 여러 사람들 사이의 신뢰를 토대로 하는 것이기 때문에 이성적으로 통제되지도 않는다. 그러나 한 공동체에 속해 있을 때는 혼자 있으면서도 감정과 자기상의 동요를 피할 수 있다. 게다가 각 구성원들 간의 관계가 단순히 전략적인 관계가 아닌 경우라면 근본적인 비판조차도 건설적으로 작용할 수 있다. 그런 관계는 단순한 네트워킹이 아니기 때문이다. 진정한 공동체는 이기주의나 경쟁적 추구를 고요한 방식으로 누그러뜨리는 측면이 있다. 기본적으로 우호적인 분위기에서는 그런 행동이 유독 불쾌하게 두드러져 보이기 때문이다.

종교 공동체, 특히 수도원에서 구성원들은 독방이라는 보호된 공간에 은거함으로써 홀로 있는 상태를 보장받는다. 오늘날의 사무실들은 오히려 그런 것을 방해하는 장소 같다. 엘리베이터와 벽과 문을 모두 유리로 만들고, 공간을 분리하는 벽이 있는 경우에도 모든 것이 투명하게 드러나 있다. 이러한 투명성은 얼핏 보기에는 개방적인 분위기를 만드는 것 같지만 모두가 자신이 사방에서 관찰당하고 있음을 알기 때문에 항시적인 통제의 분위기가 지배한다. 혼자서, 심지어 디지털 통신으로도 접속하지 않은 채 아무 방해도 받지 않고 일한다는 것은 오늘날의 노동 세계에서는 하나의 죄악으로 여겨지며, 이미 건축학적으로 미연에 방지된다. 이러한 과정에서 가장 최근의 단계는 언제나 연락을 취할 수 있는 것뿐 아니라 어디서나 일할 수 있게 만드는 스마트폰과 아이패드다.

그러나 이러한 몰인격적인 투명성을 완전히 관철하려는 모든 시도는 좌절되고 만다. 크리스토프 바르트만은 그에 대해 이렇게 썼다. "사무실은 공간 위기의 조건들 아래에서조차도 하나의 정신적 독방이다. 다른 주요한 독방 구조들—감옥, 수도원, 공부방—과 유사하게 사무실은 어떤 격리의 상태를 허용하거나 강요한다. 그리고 나는 그 격리의 상태에 내 개성의 표식을 부여한다. 언제나처럼 나의 공간은 몰인격적이고, 나는 그 공간을 개척하고 정복하고 가구를 비치한다. 나에게 방 하나를 주든 주지 않든, 나는 그 공간을 마음 편히 있을 수 있도록 막아버릴 것이다."

이는 지극히 자연스러운 욕망으로 보인다. 버지니아 울프는 어느 유명한 에세이에서 여성이 위대한 예술 작품을 창작할 수 있는 조건들에 관해 이야기했다. 20세기에 접어들 때까지 여성들에게는 자신만의 사적인 공간이 허용되지 않았고, 이는 여성의 창조성을 가로막는 확실한 방법이었다. 버지니아 울프가 이미 1929년에 썼듯이, 여성이 위대한 장편 소설을 쓸 수 있으려면 '자기만의 방'과 어느 정도 생활을 꾸려갈 수 있을 만한 일정한 수익이라는 두 가지 조건이 충족되어야 한다. 오늘날 이러한 요구는 여성뿐 아니라 최고의 창조적인 성과를 내고자 하는 모든 사람에게 해당한다. 팀에서의 협동 정신과 언제나 연락할 수 있어야 하는 상태, 거대한 사무실, 투명한 건축물, 그리고 지나치게 불안정한 재정 상황은 사람을 순응적으로 만들며 이는 창조적인 사람들에게는 독과 같다.

# 3
⋮

## 창조는
## 고요하게
## 이루어진다

**우리는 너무 많이 말한다**

　　　　　　"너는 큰소리로 떠들어대지만 알맹이는 하나도 없지." 힙합그룹 '판타스티셴 피어'가 부른 멋진 노래의 한 소절이다. 오늘날 우리는 끊임없이 말을 하도록 강요받는다. 하루에도 다른 사람들과 함께 있게 되는 때는 아주 많은데, 그럴 때마다 대화가 끊어지면 곤혹스러운 기분이 든다. 잡담을 권하는 사람들은 모든 '불편한 정적'은 피하고, 무조건 대화가 계속 '흘러가도록' 유지하라고 충고한다. 통상적인 노동의 세계와 사회에서는 안타깝게도 서로 침묵을 지키는 문화가 형성되지 못했다. 그래서 사람들은 계속 말하고, 말하고, 또 말한다.

　　　　고요함을 원하는 사람이라면 집에서 일하는 편이 낫다. 사무실 문에 '방해하지 마시오'란 팻말을 걸어놓는다면 미리 그에 대한 정당한 해명을 해두어야 한다. 다른 사람들에게 조용히 해달라고 부탁하는 것은 반사회적인 행동으로 받아들여지기 때문이다. 그러나 창조적 작업 중에서도 고도로 집중해야 하는 단계에 꼭 필요한 조건은 바로 방해받지 않는 것이다. 진지한 상황에서는 고요함이 요구된다. 창조성이란 무로부터 창조해내는 것, 무에서 무언가가 생겨나는 것을 의미한다. 이는 결코 사소하거나 일상적인 일이 아니다.

　　　　세속적인 세계에서 끊임없이 이어지는 수다는 세계의 종교들이 실천하는 바와는 상반된다. 종교들은 시끄럽고 정제되지 않은 말들을 부정적으로 생각하고 여러 해악의 근원으로 본다.

스즈키 순류 선사는 『선심초심』에서 다음과 같이 썼다.

어떤 말도 하지 말고 그저 실천하는 것이 최선이다. 우리가 우리의 길에 대해 말할 때 오해가 생기기 쉬운 것은, 진정한 길에는 긍정적 측면과 부정적 측면이라는 최소한 두 가지 측면이 있기 때문이다. 우리가 부정적 측면에 대해 말할 때는 긍정적 측면이 누락되고, 긍정적 측면에 대해 말할 때는 부정적 측면이 누락된다. 어떤 것에 대해 긍정적으로 말하면서 동시에 부정적으로 말할 수는 없다. 그래서 우리는 무엇을 말해야 할지 알지 못한다. 불교에 관해 말한다는 것은 거의 불가능한 일이다. 그러므로 아무 말도 하지 않고 그저 실천하는 것이 최선의 길이다. 차라리 손가락 하나를 들어 보이거나, 동그랗게 원을 하나 그리거나, 그냥 몸을 숙이는 것도 방법이 될 수 있다.

말을 하는 행위에는 필연적으로 긍정적인 쪽으로든 부정적인 쪽으로든 판단을 내리는 일이 수반된다. 그러나 굳이 종교적 관점에서 보지 않더라도 삶에는 단지 두 가지 측면만 있는 것은 아니다. 말을 해야만 한다는 압박 때문에 우리는 종종 복잡성을 배제해버린다. 우리는 스스로 내리는 판단들로써 현실을 단순화하고는 그것이 단순히 말들에, 우리 입 밖으로 나온 음파들에 지나지 않는다는 것을 잊어버린다. 동양에는 "혀에는 뼈가 없다."라는 속담이 있다. 혀는 자유롭지만, 그런 만큼 어리석은 생각들을 내뱉을 여지도 많다는 것이다.

무의미한 말들의 위험성을 잘 알고 있는 철학자 페터 비에리는 인간을 말하는 동물이라고 묘사한다. "우리는 말하고 또 말하며 그렇게 말로써 만들어놓은 수사적 구성물을 우리의 확신으로 간주하고 결국에는 그 확신을 행동으로 옮긴다." 우리의 말이 정보 전달에 기여하는 부분은 그리 크지 않다. 우리가 전달하는 메시지에는 필연적으로 모종의 호소와 자기 진술과 관계에 관한 내용이 담기기 때문이다. 물론 말하기는 반드시 필요한 것이며, 말하기에 부정적인 측면만 있는 것은 아니다. 그러나 사람들이 너무 많이 말하고 생각 없이 말하는 데서 심각한 오해와 무례와 불편한 감정들이 생겨난다. 끊임없이 이야기를 늘어놓는 것은 다른 사람들에게도 부정적인 영향을 미치지만, 자기 자신에게 해가 되는 결과를 낳기도 한다. 머릿속으로 파고들어 와 무언가 말을 거는 문장들 때문에 일의 흐름이 끊기거나 창의성이 위축되거나 불쾌한 기분이 드는 경우가 종종 있다. 그런데도 많은 사람들이 침묵을 견디는 것보다는 그런 것이 더 낫다고 여긴다. 외적으로도 내적으로도 너무 많은 말들이 오고간다.

소셜네트워크는 이렇게 끊임없이 이어지는 말을 이용하고, 그것으로 생명을 이어간다. 소셜네트워크는 같은 생각을 가진 사람들을 이어줄 수도 있고 창의성에 불을 지필 수도 있지만, 동시에 끊임없이 주의를 분산시키는 요인이기도 하다. 중요할 것 없는 정보들만 끊임없이 흐르다 보면 더 깊숙한 내면의 목소리는 채 말로 표현될 기회도 얻지 못하고 묻혀버린다. 컴퓨터 모니터에는 몇 센티미터 떨어진 곳에 한 번의 클릭만으로 갈 수 있는 주의 분산의 통로가 있다. 미국의 예술가 스티브 램버트가 개발하고 페이스북에서 성과를 올리고 있는 '셀프컨트롤'이라는 응용프로그램은 사람들이 방해받지 않는 상태에 대한 근본적인 욕구를 갖고 있음을 보여준다. 이 프로그램을 사용하면 스스로 정해둔 시간 동안 자신이 좋아하는 웹사이트에 들어갈 수 없도록 차단할 수 있다. 앞으로 한 시간 동안 페이스북이나 유튜브, 온라인 뉴스페이지에서 시간을 보내지 않겠다고 일단 결정하면, 한 시간 동안은 차단을 풀 수 없다. 그러나 동료들이나 전화, 음악이나 라디오, 텔레비전 같은 외부의 방해에 대처할 수 있는 응용프로그램은 아직 존재하지 않는다. 우리가 외부와 연결된 채널들을 끄고 내면으로 귀를 기울이게 되면 과연 어떤 일이 벌어질까?

====== 3.02> **아이디어는 혼자서 만들어내는 것**

정말로 철저하게 혼자가 된다면 많은 사람들은 일단 공황 상태에 빠질 것이다. 오랜 세월 동안 단지 자기 자신과의 대면을 피하기 위해 고요함을 회피하는 데 익숙해져 있기 때문이다. 다른 사람들과 함께 있지 않는 얼마 안 되는 시간에는 미디어가 고요함을 교란하는 임무를 떠맡는다. 집에 돌아왔을 때 함께 사는 사람들과 시간을 보내야 하는 경우가 아니라면, 일단 라디오나 텔레비전이나 컴퓨터부터 켜고 본다.

정신분석가인 롤프 하우블은 이렇게 썼다. "삶의 예술이 목표로 하는 것 중 하나는 자기 자신에게 머물고 자신을 잃어버리지 않는 방식으로, 항상 지속적으로 그렇지는 못하더라도 언제나 다시금 온전한 자신으로 되돌아오는 방식으로 자신의 삶을 이끌어나가는 것이다. 즉 혼자 있는 상태를 추구하되 외롭지는 않은 방식으로 살아가는 것이다." 고요함은 우리가 자기 자신과 대면하게 하지만 뜻밖에도 사람들은 그런 상태를 전혀 달가워하지 않는다. 작가 앤 라모트는 그 점을 이렇게 압축적으로 표현했다. "나의 정신은 험악하기로 유명한 동네 같아서 혼자서는 그곳에 갈 엄두가 나지 않는다."

모든 것이 고요해졌을 때에야 우리는 하우블이 표현한 대로 '자신에게 머물' 수 있는 그곳으로 가게 된다. 그러나 그럴 때 불쾌한 감정들을 느낄 수도 있고, 자아상이 위험한 상태에 빠질 수도 있다. 자신이 인정받지 못하고 있다고 속삭이는 내면의 목소리를 떨쳐내지 못하면 그런 생각에서 빠져나오지 못하게 되고, 그러면 결국 자신과 하나가 되지 못한다. 하우블의 표현에 따르면 그런 사람들은 '자신의 외부에' 있고, '위안을 얻을 수 없는' 상태이다. 외로움과 고립감, 지겨움 같은 고통스러운 감정들이 생겨나며, 이런 감정은 자신에게 집중하려는 노력에는 독처럼 해롭다. 집중은 혼자 있을 수 있는 능력을 필요로 한다. 아이디어는 대부분 혼자서 만들어내는 것이며, 일단 그 아이디어로 초안을 만든 다음에야 다른 사람들과 만나 더 구체적으로 발전시킬 수 있다.

외부에서 들어오는 방해 요소들은 비교적 쉽게 피할 수 있다. 따로 일할 공간을 찾아낼 수도 있고 미디어는 차단해두면 된다. 그러나 우리 자신의 머리가 만들어낸 내면의 방해 요소들은 통제하기가 더 어렵다. 안타깝게도 우리가 언제 무엇을 생각할지를 스스로 결정할 수 있는 경우는 매우 드물다. 뇌가 우리에게 지금 이러저러한 생각들을 하는 게 적절하겠냐고 묻는 일도 없다. 우리는 종종 자신의 머리에게 "그 위에 좀 조용히 해!" 하고 소리치고 싶어진다. 집중력과 혼자 있을 수 있는 능력은 타고나는 것이 아니다. 일단 성장을 마친 우리의 머리는 영원히 평온을 깨트리는 존재이다. 화가 루치안 프로이트는 한 인터뷰에서 이렇게 말했다. "나에게 비결이 하나 있다면, 그것은 바로 집중력이다. 그리고 그것은 남이 가르쳐줄 수 있는 것이 아니다." 하지만 종교적 전통들을 연구하는 학자들은 모든 사람이 훈련을 통해 집중력을 키울 수 있다고 믿는다. 우리의 정신은 고요하지는 않지만 배움의 능력을 갖고 있다는 것이다.

수학자이자 철학자인 앨프리드 N. 화이트헤드는 종교를 "사람이 자신의 고독으로써 만들어내는 것"이라고 정의했다. 그러니 기독교와 불교의 많은 경전들에서 고요함과 자기 신뢰, 집중에 관해 묘사하는 텍스트들이 많다는 것은 놀라운 일이 아니다. 필립 그뢰닝의 다큐멘터리 영화 〈위대한 침묵Into Great Silence〉이 의외로 큰 성공을 거둔 것도 사람들이 홀로 있을 수 있는 능력을 갖고 싶어 한다는 것을 방증한다. 그뢰닝 감독은 프랑스의 알프스 산에 위치한 그랑드 샤르트뢰즈 수도원에 1084년 설립된 카르투시오 수도회에 관한 다큐멘터리 영화를 촬영해도 괜찮을지 문의했다. 가톨릭 침묵수도회 가운데에서도 가장 엄격한 카르투시오 수도회는 설립 당시의 생활 수칙을 줄곧 그대로 유지해왔다. 카르투시오 수도원에서는 행복 강좌도 명상 강좌도 제공하지 않는다. 손님용 숙소도 없을 뿐 아니라 통상적으로 외부인의 방문을 전혀 받지 않는다. 한 주에 딱 한 번 짧게 산책을 하는 시간에만 묵언을 깬다. 그곳의 수도사들이 그뢰닝 감독에게 한 대답을 보면 그러한 침묵의 세계에서는 완전히 다른 현실이 존재한다는 것을 느끼게 된다. 촬영 허가가 떨어지기까지 감독은 16년을 기다려야 했다. 게다가 음악도, 제작진도, 인위적 조명도, 인터뷰도 모두 포기해야 했다. 약 6개월의 촬영 기간이 끝나자 거의 완전한 침묵으로 이루어진 164분 길이의 다큐멘터리 영화가 만들어졌다. 그렇게 해서 이 다큐멘터리는 수도원을 묘사한 영화일 뿐만 아니라, 그 자체로 하나의 수도원 같은 형식을 띠게 되었다.

그뢰닝은 조용한 화면 속에서 일과 찬송과 기도로 이루어진 수도사들의 일상을 따라간다. 인터뷰는 단념했다. 그 영화의 형식과 길이와 침묵을 처음 보았던 사람들은, 그런 영화는 극장에서 버텨낼 수 없을 거라고 말했다. 그러나 예상과는 정반대의 일이 일어났다. 영화가 진행될수록 관객들은 점점 더 조용해졌고 긴장감은 점점 더 고조되었다. 심지어 이런 영화라면 영원히 상영을 계속해도 될 거라고 생각했다. 상영 시간이 무척 긴데도 불구하고 영화가 끝나기 전에 상영관을 빠져나가는 사람은 거의 없었다. 극단적으로 세속과 동떨어진 삶의 형식을 제시하는 그 영화를 보면서, 사람들은 자신들의 시끄러운 세계에 대해 회의를 품기 시작했다. 한 톨의 불안감도 없이 깊은 집중력으로 카메라를 응시하는 수도사들의 시선이 뇌리에서 떨쳐지지 않았다. 카르투시오 수도회가 줄곧 중요한 종교 저술가와 창조적인 정신의 소유자들을 배출해왔던 것도 당연한 일이라는 생각이 들었다.

스크린 반대편에서도 고요함에 대한 욕구는 점점 높아지고 있었다. 1990년대 초 영국에서는 최초의 '조용한 정원'이 문을 열었다. "그냥 아무것도 하지 말고 앉아만 있으시오!"라는 딱한 가지 지침만 있는 조용한 곳이었다. 영국의 타악기 연주자이자 저술가, 교육자, 사제인 필립 로더릭이 최초로 세웠으며, 그의 조용한 정원 운동은 오늘날 전 세계에서 명상하기 좋은 조용한 장소 300여 군데를 운영하고 있다. 물론 사유 정원을 조용한 정원으로 활용할 수도 있고 교회나 명상 센터, 학교, 교도소, 병원 등에서도 침묵의 정원이나 방을 마련해 운영할 수 있다.

고요함은 아주 건강한 효과를 발휘한다. 일정 기간 침묵을 지키는 것은 세계의 거의 모든 종교들이 통상적으로 하는 수행에 포함된다. 스페인에서는 예수회 학교들의 정규 수업 시간에 포함되어 그룹을 지어 며칠 동안 묵언 수행을 배운다. 한동안 교회를 멀리 해온 사람들도 묵언 수행의 경험에 대해서는 긍정적인 기억을 갖고 있다. 그중 성인이 되어서 통상적인 세미나 과정에 포함되는 묵언 과정이나 명상 과정에 참여하기 위해 피정의 집을 다시 찾는 이들도 많다. 침묵을 유지하는 것은 집중력을 향상시킨다.

현대는 침묵을 유행에서 몰아냈다. 그래서 철학자 오도 마르크바르트는 「홀로 있는 능력을 위한 변론Plädoyer für die Einsamkeitsfähigkeit」을 작성했다. "우리 현대인들을 힘들고 고통스럽게 하고 혹사시키는 것은 외로움이 아니라 (…) 무엇보다도 홀로 있는 능력의 상실이다." 혼자 있을 수 있는 능력과 자신의 개별성을 유지할 수 있는 능력을 잃어버린 것이다. 혼자 있을 수 있는 능력을 위협하는 가장 주된 요인은 팀 업무와 집단 업무를 해야만 하는 상황이다. 마르크바르트는 사람들이 무리를 짓는 것은 무엇보다 외로움을 쫓기 위한 수단이라고 본다. "사람들은 (…) 집단 속으로 달아나고, 집단은 현재 만병통치약처럼 선전되고 있다. 앞으로 사람들은—외로움의 극복이라는 미명하에—그 무엇도 혼자 하지 않아도 될 것이다. 읽기도 쓰기도, 일도 생활도, 사고도 수면도, 말하는 것도 침묵하는 것도, 우는 것도 행복해하는 것도 말이다. 심지어 혼자 있는 것조차 더 이상 혼자 하지 않아도 된다. 모든 것을 함께해야만 하는 것이다. 집단을 벗어나서는 결코 행복할 수 없다."

그러나 혼자 있는 경험을 긍정적으로 받아들인다면 그야말로 자유롭고 독립적인 사고와 집중력으로 이어진다. 게다가 이 둘은 창조성을 위한 아주 중요한 조건들이기도 하다. 마르크 바르트는 혼자 있는 능력을 지닌 문화를 다시 세우는 데 필요한 세 가지 요소로 유머와 교육, 종교를 꼽았다. 교육은 인지능력을 높이는데, 이는 사람이란 자기가 아는 것만을 인지하기 때문이다. 또한 철학자 로베르트 슈페만에 따르면 교육은 소비에 대해 그리고 자기 자신에 대해 거리를 두는 능력도 키워준다. 유머는 만사를 지나치게 진지하게 받아들이지 않도록 도와준다. 불교 철학자이자 저술가인 앨런 와츠는 특유의 유머 감각으로 유명하다. 그는 "사람에게는 누구나 어느 정도 개구쟁이 같은 면이 있다."고 생각하며 "거드름 피우는 순수주의자들 틈에 있으면 속이 메스껍다."고 느낀다. 또한 달라이 라마의 사진 중에서 그가 미소 짓고 있지 않은 사진은 거의 찾아볼 수 없다. 그와 같은 운명을 겪었다면 사실 용기를 다 잃어도 이상하지 않을 것 같은데 말이다. "망명자의 삶은 불행하다. 하지만 나는 정해진 집이 없고 모든 꼬리표에서 자유로운 상태를 커다란 기회로 여김으로써 언제나 행복한 마음 상태를 이끌어내려고 노력한다. 그렇게 나는 내면의 평화를 유지한다." 달라이 라마는 외적인 원인들 때문에 유머를 잃어버릴 필요는 없다는 것을 보여주는 살아 있는 예이다. 그는 『달라이 라마 나는 미소를 전합니다』에서 이렇게 썼다. "그래도 나는 자주 웃고, 나의 웃음은 전염성이 강하다. 사람들이 내게 어떻게 항상 웃을 힘이 나느냐고 물으면 나는 직업상 웃는 거라고 대답한다."

"한가한 시간이 찾아오면 슬퍼하는 사람의 가슴 속에서는 어떤 심장이 살고 있는 것일까. 속세의 속박들로부터 자유롭게 자기 혼자서만 살아가는 것보다 더 장엄한 일이 있단 말인가?" 이 자신만만한 문장은 14세기에 요시다 겐코가 쓴 『쓰레즈레구사』에 등장한다. 그는 무료함이라고는 몰랐고 대신 여유를 즐길 줄 아는 능력이 있었는데, 이 능력은 오늘날 말하는 게으름과는 전혀 다른 것이다. 요시다 겐코의 유명한 수필은 이렇게 시작한다. "혼자 있을 때 여유로운 시간이 생기면, 나는 종일 벼루 앞에 앉아 머리에 떠오르는 모든 것을 맥락도 명확한 의도도 없이 써나간다. 그럴 때면 아주 기묘한 기분이 든다." 그러므로 여가란 홀로 행복을 느낄 수 있는 깊은 내면적 고요로 이해할 수 있다. 바로 그 아무 의도도 없는 행동이야말로 성급하게 목표를 향해 무리하게 다가서거나, 섣부르게 평가할 수 없는 창조적 행위를 위한 공간을 열어준다.

현대의 연구들은 자유재량의 여지가 창조성의 전제 조건이라는 가정에서 출발한다. 그러나 노동심리학은 무엇보다 외적인 활동 공간을 주로 다룬다. 실제적으로 한계를 설정하는 외적조건들은 사람들로서도 어떻게 해볼 도리가 없다. 그런 조건들은 창의성을 제한하고 끊임없는 좌절감을 안겨주는데, 이는 비단 초보자들만의 경우가 아니다. 우리는 종종 실제로 실현될 수 있는 것보다 훨씬 더 많은 것들을 가능하다고 여긴다. 디자이너들이 사용하는 예술적 수단들은 그들에게 예술의 자유로움을 전염시키지만, 이는 목적이 명확한 서비스 관계에서는 오히려 해로울 수도 있다. 외적인 자유재량에 대해서는 악단에 돈을 지불하는 사람이 악단의 선곡을 결정한다는 말로 충분할 것이다. 그러나 종교와 예술의 전통에서는 내적인 자유재량에 더 큰 가치를 부여한다.

───── 3.03>  **침묵하는 자만이 자신과 마주할 수 있다**

눈앞에 어른거리는 창살들 때문에
그의 눈은 지쳐 더 이상 버틸 수 없다.
그에게는 창살들이 천 개는 되는 것 같고
그 천 개의 창살 뒤에는 아무 세상도 없는 것 같다.
- R. M. 릴케

릴케가 1902년에 파리에서 쓴 이 유명한 시는 우리에 갇힌 한 마리 흑표범을 묘사하고 있다. 우리도 내면에 있는 감옥의 창살들에 부딪힌다. 심리학적으로 볼 때 인간은 자기 속박의 전문가들이다. 온갖 생각들과 기대들로 소란스러운 머리는 감방을 짓고 거기에 우리 자신을 가둔다. 이런 일은 종종 의뢰자가 실제로 무엇을 바랄 것이라고 예상하면서 우리가 무의식적으로 품는 선입견에서 비롯된다. 초조함이나 성급한 평가, 적극적으로 남의 말에 귀 기울이지 못하는 것 등 많은 요인들이 우리가 아이디어를 내는 것을 제약한다. 많은 창살들이 우리 머릿속에는 존재하지만 의뢰자들의 머릿속에는 없다. 우리의 생각이 경직되고, 반복되는 습관적 과정이 견고하게 굳어 있을수록 감방문은 더 굳게 닫혀 있는 것처럼 여겨진다.

　　결국 우리를 가두는 것은 부주의함과 행동 욕구이다. 그 문이 열려 있음을 알아차리려면 먼저 우리가 내적으로 차분해져야 한다. 그런 다음에야 무엇이 우리를 제약하고 있는지를 알아볼 수 있다. "침묵이란 사람이 말하기를 멈추는 것만으로는 이루어지지 않는다." 많이 잊혔지만 침묵에 관한 책으로 정평이 나 있는 『침묵의 세계』에서 철학자 막스 피카르트가 한 말이다. 그는 침묵을 '신성한 무용성'이라고 표현했다. 말들은 침묵과 대조해보아야만 어떤 내용을 담고 있는지 드러난다. 침묵할 수 있는 능력과 고요함을 유지할 수 있는 능력, 혼자 있을 수 있는 능력이 있으면 말하기와 듣기와 집중력에도 변화가 생긴다.

　　침묵하는 사람만이 자기 자신과 만날 수 있다. 안셀름 그륀은 이렇게 썼다. "침묵한다는 것은 단순히 말을 하지 않는 것이 아니라, 달아날 수단들을 모두 놓아버리고 있는 그대로의 나를 유지하는 것을 의미한다. 단지 말하기만을 포기하는 것이 아

침묵한다는 것은
단순히 말을 하지
않는다는 것이 아니다.
나를 나 자신에게서
멀어지게 하는 모든
활동을 포기하는
것이다.

니라 나를 나 자신에게서 멀어지게 하는 모든 활동을 포기하는 것이다. 침묵함으로써 나는 스스로 나 자신에게 머물도록 강제한다." 침묵하고자 하는 사람은 듣는 법을 배워야만 한다.


~~~~~~~~~~~~ 3.04> **소리에 귀 기울여라**

"감각들이 포화처럼 쏟아져 들어올 때 우리에게 필요한 것은 차단과 단호한 중단과 고요함이다." 철학자 볼프강 벨쉬의 말이다. 고요함에 몰두하려면 자신을 소음들에 내맡겨야 한다. 우리는 눈에 보이는 세계 속에서만 달리고 있는 것이 아니라 음향의 외피에도 둘러싸여 있다. 눈은 그냥 감아버리면 되지만, 세계의 소음에는 고스란히 노출될 수밖에 없다. 쿠르트 투홀스키는 『그립스홀름 성Schloss Gripsholm』에서 "신이시여, 우리에게 귀꺼풀을 주소서."라고 애원했다. 우리는 잠잘 때조차도 외부의 소음을 감지하며, 그 소음들이 꿈의 일부가 되는 일도 적지 않다.

혼자 있기와 고요함을 탐구하려면 우리는 다시금 듣는 방법을 배워야 한다. 요제프 보이스도 '망막적' 감각들이 우세한 상황을 못마땅하게 여겼고, 플럭서스 운동*의 대표적 예술가들

---

    ◆    1960~70년대에 일어난 세계적인 전위예술 운동으로, 플럭서스FLUXUS는 흐름, 변화, 움직임을 뜻한다. 조지 마키우나스, 백남준, 존 케이지, 요제프 보이스 등이 대표적이다.

이 아방가르드 음악에서 출발한 인물들이라는 것도 놀라운 일이 아니다. 백남준은 행위 예술과 비디오 아트로 유명해졌지만 그 이전에 카를하인츠 슈토크하우젠*의 제자뻘이었다. 결국 우리는 다시 '밝은 귀'를 가져야 하는 것이다. 녹록하지 않은 듣기라는 행위는 음악에만 해당하는 것이 아니다. 사실상 '세계의 소리'도 더욱 주의를 기울여볼 가치가 있다. 집과 사무실에서는 어떤 소리가 날까? 만약 지난 100년 동안 개인 주택이나 사무실의 배경 소음을 기록해둔 것이 있다면 우리는 그동안 근본적인 변화가 일어났음을 알게 될 것이다. 그리고 변화에는 언제나 결과가 따르는 법이다.

캐나다의 작곡가이자 소리연구가인 머레이 쉐이퍼는 음향생태학의 창시자로 여겨진다. 지구의 음향 디자인에 관심을 가졌던 그는 세계의 소리를 사운드스케이프Soundscape, 즉 소리의 풍경이라고 명명하고 이를 다시 두 영역으로 구분했다. 쉐이퍼가 하이파이Hi-Fi라고 부른 소음은 깊고 분명히 두드러지며 개개의 소리들을 명확히 구분해낼 수 있는 것이다. "하이파이 사운드스케이프에서는 소리들이 겹쳐지는 경우가 드물며, 전경과 배경이라는 음향상의 원근감이 존재한다." 밤의 소음이나 시골에서 들리는 소음이 주로 이런 성격을 띠며, 이웃 마을의 교회 종

---

◆   현대 전위음악 작곡가로 전자 음악의 개척자.

소리나 갓 내려 쌓인 눈을 밟는 뽀드득 소리, 펜촉이 종이를 스치는 사각사각 하는 소리, 뜨거운 홍차를 부을 때 각설탕이 갈라지며 내는 딱 하는 소리 등 아주 미묘한 여러 소리들이 그렇다. 이와 구별되는 로파이Lo-Fi 사운드스케이프는 단순하게 말하면, 대도시의 교차로에서 들리는 전혀 구분되지 않는 소음 같은 것이다. 쉐이퍼는 이렇게 설명한다. "여기서는 듣기의 원근감이 사라진다. (…) 원경은 없고, 있는 것은 직접적인 존재감뿐이다. 모든 소리가 서로 뒤섞이고 혼합된다." 그러고 보면 잘 구분되는 섬세한 소리들이 영혼에는 확실히 더 유익할 것 같다. 그러나 소음은 점점 더 증가하고, 도시들은 시끄러운 소음 그 자체가 되었다. 시각적·청각적 스트레스가 쌓여 마음을 고요히 가라앉히거나 집중하기 어려운 환경을 만들어낸다.

쉐이퍼는 소리들의 역사에서 전화도 고찰 대상으로 삼았다. 그는 전화기가 우리의 생각을 끊기 위해 발명된 도구라고 생각한다. "전화가 현대의 짧아진 텍스트들과 토막토막 끊어지는 어눌한 말투에 한몫했다는 것은 부인할 수 없다." 실제로 전화벨 소리는 사무실 일상의 한 부분이다. 다른 도구들과 달리 전화기는 소리를 꺼놓지 않는 이상 끊임없는 방해의 원천이 된다. 전화기가 내는 음향신호들은 고요함과 집중을 깨트린다. 일정 시간 동안 집중하려 한다면 전화기를 꺼놓는 수밖에 없다. 음성 메시지는 전화를 건 사람의 용건을 확실히 보관해주며, 그리 급한 용건이 아니라 굳이 답신 전화를 걸 필요가 없는 경우도 많다. 자동 응답기에 대고 말하지 않는 사람이라면 중요한 용건이 없는 사람일 것이다.

쉐이퍼는 듣는 법을 다시 배우거나 더 잘 듣는 법을 배우기 위한 과정으로 '이어 클리닝'이라는 훈련 프로그램을 개발했다. 이 학습 프로그램의 핵심은 '고요함을 존중하는' 능력에 있고, 그 능력이 있어야만 듣기의 감각을 정교하게 연마할 수 있다. 그 과정을 직접 체험해보려면 일단 하루 동안 침묵을 유지하는 시도를 해보라. 그 연습은 결코 쉽지 않다. 그러려면 혼자 있어야만 하기 때문에 일요일이 적합하다. 생활환경에 따라 다른 곳으로 떠나야 할 수도 있다. 전날 저녁에 친구들과 가족들에게 다음 날 깨어나서 잠들 때까지 말을 하지 않을 거라고 미리 알려둬라. 여러분의 머릿속에는 그 일을 실현하지 못할 구실들이 끝없이 떠오를 것이다. 솔직해져라. 그럴 의지만 있다면 분명히 할 수 있다. 책과 인터넷과 텔레비전도 포기하라. 침묵한다는 것은 '사회적 침묵'을 의미하기도 하므로 다른 사람들과 접촉해서도 안 된다. 처음의 불안함이 누그러들면 내면의 목소리도 차분해지는 것을 느끼게 될 것이다. 소리 산책도 시도해볼 수 있다. 주변을 구경하면서 다니는 산책과 달리 자신이 있는 장소를 향해 귀를 활짝 열고 걸어보는 것이다. 마드리드나 아니면 자신이 좋아하는 다른 대도시들에서 예민하게 소리를 관찰해본 사람이라면 도시마다 제각각 다른 소리들의 세계를 갖고 있다는 것을 알 것이다.

마일스 데이비스는 1992년에 발표한 마지막 앨범 〈두밥 Doo-Bop〉에서 뉴욕의 사운드스케이프를 음악이라는 형식에 담아내는 시도를 했다. 그러기 위해 그는 호텔 방에서 창문을 열어놓고 앉아 뉴욕의 소리에 귀를 기울였다. 그 예민한 귀 기울임의 결과에서 작곡에 대한 창조적 구상이 나온 것이다. 주의를 바짝 기울인 채 소음이나 정적에 자신을 온전히 내맡긴다면 그 소음이나 정적을 묘사할 수 있게 된다. 그리고 그것이 당신을 어떤 새로운 상태로 바꾸어놓는지도 알아차리게 될 것이다. 그리고 고요해지면 아마도 그 즉시 당신의 머리는 당신이 뜻하는 바가 아니라 제가 뜻하는 바를 행할 것이다.

_____ 3.05⟩ **생각의 감옥에서 탈출하라**

침착한 상태에 도달하면 자신의 생각들에 그대로 내맡겨진다. 솔직히 말하면 우리가 어떤 생각을 할지도 우리가 결정할 수 있는 게 아님을 깨닫게 된다. 달갑지 않은 생각들까지 포함하여 생각들은 그저 마구잡이로 떠오른다. 우리의 머리는 가장 아름다운 상황조차도 능히 망쳐버릴 수 있다. 여기서 외적인 요인들과 조건들은 우리가 흔히 생각하는 것만큼 큰 역할을 하지 않는다. 프리랜서들이 걱정하는 것은 대개 딱 두 가지다. 의뢰가 너무 많거나 아니면 너무 적거나. 그 사이에 회색지대 같은 것은 아예 존재하지 않는다. 조지 버나드 쇼는 다음과 같은 말로 그 상황을 정리했다. "삶에는 두 가지 커다란 실망이 있다. 갖고 싶은 것을 전혀 얻지 못하는 것이 그 하나요, 그것을 얻는 것이 또 하나다." 프리랜서들에게는 모든 일을 다 해낼 수 없을 거라는 불안감과 돈을 충분히 벌지 못한다는 불안감이 상존한다.

심리치료사 안드레아스 크누프는 『머리야, 조용히 해!』라는 책에서 우리의 생각이 작동하는 방식에 대해 설명한다. 요컨대 회의와 불안과 불만은 개인의 성격 문제라기보다는 사고의 기본 구조와 더 깊은 관계가 있다는 것이다. 크누프에 따르면 그 구조는 상당 부분 평가와 논평과 비교로 이루어진다. 언제 한번 카페에 앉아서 사람들을 관찰해보라. 한번 내려지면 요지부동일 판단들이 만들어지는 전형적인 메커니즘이 순식간에 작동하는 것을 알아차리게 될 것이다. 우리의 정신은 우리가 보고 행하는 것에 대해 논평을 늘어놓지만, 그렇다고 해서 신뢰할 수 있게 통제하는 것도 아니고 우리의 지시를 따르는 것도 아니다. 그렇게 내려진 논평과 평가는 우리가 생각하는 것보다 훨씬 더 우리 자신과 깊은 관련이 있다. 또한 그 논평과 평가는 종종 다른 사람들과의 비교로 이어진다. 그럴 경우 창조성과 관련해서는 유익할 것이 거의 없다. 다른 사람들이 더 낫다는 것을 알아서 좌절감을 느끼거나, 자신이 더 낫다고 생각하여 오만해진다. 두 경우 모두 제대로 된 인식을 막거나 왜곡할 뿐이다.

크누프의 설명에 따르면 우리 머릿속에는 쉽게 몰아내지

지 않는 세 가지 목소리가 있다. 그 하나는 우리가 여가를 전혀 즐기지 못하게 만드는 내면의 작업 감독관의 목소리다. 창조적인 사람들의 경우에는 일에 따른 긴장이 문제가 되는 게 아니다. 그들 대부분이 일을 너무 많이 하는 것이 문제다. 하지만 에너지 관리를 위해서는 휴식이 필요하고, 긴장을 풀고 다시 회복해야만 한다. 아무리 생산적인 결과를 냈다고 해도 우리의 머리는 계속해서 불만족스러운 마음을 만들어낼 수 있다.

게다가 우리의 정신에는 최악의 완벽주의자 행세를 하는 내면의 비판자도 있다. 완벽주의는 실행 능력을 떨어뜨리며 우리를 지속적으로 괴롭히고 옴짝달싹 못하게 한다. 완벽주의는 우리 머리가 만들어낸 산물이지 결코 실제적인 상태는 아니다. 완전성이나 도저히 능가할 수 없는 최고의 상태 같은 것은 수시로 변화하는 세계의 실상과도 모순이다. 그런 맥락에서 불교의 이상을 따르는 일본의 전통 예술에서는 너무 조화롭고 아름다운 소리나 완벽하게 대칭적인 묘사나 무결함을 꺼린다. 예술과 디자인에서의 완벽함이란, 완전함이란 것이 존재한다는 환상 또는 인간이 인생을 계산하거나 통제할 수 있다는 환상에 가까운 것이다. 그런 환상은 절망적인 환멸로 끝나게 되어 있다. 우주는 우리가 소망하는 바에 맞춰 만들어진 것이 아니기 때문이다. 유감스럽지만 그것이 일상적 경험이다.

"언제나 그냥 그러할 뿐!"이라고 선사들은 말한다. 우리가 좌절을 경험하는 이유는 우리 내면이 이길 수 없는 적수를 상대로 싸움을 걸기 때문이다. 미국의 신학자 라인홀드 니부어의 유명한 기도문은 바로 그 문제를 정확하게 포착했다. "하느님, 내가 바꿀 수 없는 것들을 받아들일 수 있는 초연함과, 내가 바꿀 수 있는 것들을 바꿀 용기와, 내가 바꿀 수 있는 것들과 없는 것들을 분별할 수 있는 지혜를 주소서." 다른 사람들이 진작부터 만족하고 있고 의뢰자도 흡족해할 때조차 우리의 머리는 여전히 미심쩍어할 수 있다. 게다가 사람이란 끝없이 화내고 흥분할 수 있는 존재다. 그러나 뇌가 벌이는 이 모든 비난 놀이에서는 모든 게 생각의 문제일 뿐임을 똑똑히 인식해야 한다. 그 생각들은 실제로 저 밖에 존재하는 세계와는 별개의 것이다. 우리 머릿속 감옥의 창살은 생각들과 불안들을 재료로 만들어진다.

안드레아스 크누프가 셋째로 꼽은 내면의 목소리는 언제나 다른 사람들에게 친절할 것만을 요구하는, 비위를 맞추려는 자의 목소리이다. 많은 일을 수행하는 사람들—특히 20~30세 사이의 여성—이 자기 착취 경향을 갖게 되는 경우가 있다. 이 문제는 다음의 질문으로 간단히 진단해볼 수 있다. 당신은 자기 자신에게 하듯이 다른 사람들을 대하는가? 당신은 자신에게 요구하는 것을 다른 사람들에게도 요구할 수 있는가?

우리의 정신이 계속해서 쏟아내는 평가들은 내적 검열을 통해 창조성을 제한한다. 따라서 자유로워지기 위한 유일한 길은 자신의 생각들에 대해 거리를 두는 것이다. 우리가 신경을 '끄기' 위한 방법으로 선택하는 텔레비전이나 스포츠, 사람들과의 교제 등은 불쾌한 감정을 피해 달아나는 피난처 구실을 한다. 게다가 우리의 정신에는 불쾌한 경험들을 지워버리는, 이른바 해리dissociation라고 하는 능력이 있다. 해리 현상은 본래 위급한 경우나 예외적 상황에 해당하는 것이지만, 우리는 일상에서도 약화된 형태로나마 그런 현상들을 경험한다. 안드레아스 크누프는 이런 현상을 영화 〈스타트랙〉의 우주선 엔터프라이즈호의 경이로운 기술에 빗대어 '광선 탈출' 전략이라고 부른다. 〈스타트랙〉에서는 상황이 너무 위험해지면 주인공들이 광선으로 변해 그 장소를 벗어난다.

건전하게 여겨지던 스포츠도 금세 새로운 성과 경쟁으로 변질될 수 있다. 우리의 업무는 할 일 목록으로 채워지고, 여가 시간은 다음번 참가할 마라톤이나 다가올 '휴가'에 할 히말라야 횡단을 대비한 무리한 훈련 계획으로 채워진다. 많은 이들이 스포츠의 왜곡된 형식을 통해 자신과의 싸움을 이어간다. 또한 텔레비전은 대체로 어리석은 기분 전환 수단이다. 허섭스레기를 담아내는 매체로서는 텔레비전을 능가할 것이 없다. 그러나 텔레비전의 수준이 높아지는 것도 위험한 일인데, 그 위험에 대해서는 미디어 연구가 닐 포스트먼이 지적한 바 있다. 바로 그 '수준 높은' 프로그램이란 것은 어떤 더 높은 가치를 지니고 있는 것처럼 암시하는 음험한 기만이다. 유명한 작가나 디자이너, 음악가나 미술가를 테마로 다루는 프로그램들이야말로 우리가 직접 그 작가들의 책을 읽고, 몸소 미술관이나 영화관이나 음악회나 극장에 가는 것을 막는 원흉이다. 텔레비전은 사람을 나태하게 만든다. 그것을 보기 위해 갖춰야 할 조건도 없고, 텔레비전을 켜는 것은 무엇보다 간단한 일이다. 프로그램의 내용이 어떤 것이든 상관없이 텔레비전은 언제나 텔레비전일 뿐이다.

교제 역시 혼자 있는 것을 회피하는 데 도움이 된다. 혼자 있는 것을 항상 불안해하고 기피하는 사람들이 있다. 그들은 다른 사람들과 함께 일하고, 함께 외출하며, 함께 휴가를 떠나고, 함께 산다. 오늘날에는 부모 노릇을 하는 데도 요구되는 것이 대단히 많기 때문에 부모 역할도 좋은 도피의 구실이 되어준다. 오직 자녀들을 통해서만 자신의 존재를 규정하고 삶의 다른 어떤 영역에도 큰 여지를 두지 않는 사람은 아마도 자신의 문제점들과 생각과 감정을 똑바로 직시하지 못할 것이다. 게다가 이런 사람들은 모범적인 어머니 또는 아버지라는 착각까지 일으킨다.

물론 스포츠는 유익하고 균형을 잡는 데 도움이 되며, 텔레비전은 우리를 즐겁게 해주고, 교제는 스트레스 수준을 낮춰준다. "앞으로는 십자말풀이도 하지 말고 텔레비전도 없애야 한다는 말이 아니다. 결정적인 질문은 우리가 무엇을 하는가가 아니라 무엇 때문에 그 일을 하는가이다." 저녁에 와인 한 잔을 마신다면 그것은 와인을 즐기기 때문인가, 아니면 신경을 '끄기' 위해 알코올이 필요한 것인가? "불쾌한 감정으로부터 자신을 보호하기 위해 어떤 행동 방식을 취한다면, 그것은 현재에서 달아나는 일이며 부담에서 벗어나는 것은 그저 잠깐 동안뿐"이라고

삶에는 두 가지
커다란 실망이 있다.
갖고 싶은 것을 전혀
얻지 못하는 것이
하나요, 원하는 것을
얻는 것이 또 하나다.

안드레아스 크누프는 말한다. 어떤 행동을 무엇 때문에 행하는지는 다음 질문들로 쉽게 알아낼 수 있다. 그 일을 포기하면 불안해지는가? 그 일에 심적으로 의존하는가?

자기 내면의 감옥을 탈출할 수 있는 사람만이 외부의 제약들도 넘어설 수 있다. 내면의 감옥은 생각들로 지어진 것이므로 생각 자체는 창살을 걷어내는 데 아무 도움이 안 된다. 더욱이 우리에게는 '똑같은 일을 계속 반복'하려는 치명적인 심리 법칙을 따르는 경향이 있다. 우리가 전쟁을 치르고 있는 바로 그 전장에 적이 한 명도 없을 때에도, 우리는 두 배로 큰 힘을 실어 허공에 주먹질을 해댄다. 문제가 바로 자기 자신일 때에는 생각을 하는 것이 별 도움이 안 된다. 이러한 통찰은 대단히 오래된 것이다. 수천 년 전부터 동양에서는 생각에 깊이 파고드는 습관을 저지하기 위한 기술들이 확립되고 계속 발전되어왔다. 그러한 기술들은 서구 세계에도 이미 오래전에 전해졌고, 현대 의학과 심리학도 그 기술을 발견하고 비판적으로 검토해왔다.

————————— 3.06〉 **자유를 위한 마음챙김**

우리 머릿속의 생각은 결코 멈추는 법이 없으며, 이러한 현상은 서양 심리학자들에게도 새로운 것이 아니다. 우리의 사고와 행동에 영향을 미치고자 하는 상담이나 치료의 기법들 대부분은 지그문트 프로이트 이후 줄곧 말하기의 방법을 취해왔다. 그러한 심리 치료나 개인 지도 또는 상담은 모두 '이야기 치료'이다. 그런데 심리 치료나 사제들의 상담은 그 기원이 질병이나 죄에 대처하기 위한 것이므로 부정적인 측면에 초점이 맞춰져 있다(이 역시 전형적으로 서구적인 현상이다).

미국인 잭 콘필드는 동양과 서양 두 세계를 다 잘 아는 사람이다. 임상심리학 박사로서 현대 서구 과학에도 정통해 있을 뿐 아니라, 동양의 사원에서 불교 승려로서 여러 해를 보낸 바 있기 때문이다. 그가 펴낸 불교심리학의 대표 저작에는 이렇게 쓰여 있다. "우리의 인격이 편협하고 궁색하다는 믿음은 마치 몸에 새겨진 것처럼 깊이 배어 있어서, 그 믿음이 없다면 어떻게 살아나가야 할지 상상도 못 할 정도다." 대부분의 사람들은 30분 동안 자신의 부정적인 특징들을 말하라고 하면 거뜬히 해내지만, 사랑스럽고 가치 있는 면에 대해서는 10분을 채 말하지 못한다. 사람들이 모인 자리에서 그런 실험을 해보면 다들 몹시 당황스러워할 것이다!

서양의 심리학과는 반대로 동양의 모형은 인간이 고귀한 고갱이를 지녔다는 가정에서 출발한다. 이 관점에서는 나쁜 사람은 없고 오직 나쁜 행동이 있을 뿐이다. 샬럿 조코 벡은 이렇게 썼다. "우리는 나쁜 행동들에 맞서 싸워야지 사람들을 상대로 싸워서는 안 된다. 그러지 않으면 우리 자신을 포함하여 모든 사람을 비난하고 단죄하는 일에만 몰두하게 될 것이다." 생각의 내용이 무엇인지가 대단히 중요하다는 견해에서는 불교의 심리학과 서구의 인지심리학이 일치한다. 양쪽 모두 생각의 내용은 우리 머릿속에서 자라나는 것이라는 관점에서 출발하고, 행복과 마음챙김, 동정심 같은 긍정적인 가치와 사고방식을 중시한다. 이런 측면들을 더 많이 함양할수록 불안과 탐욕, 분노가 자리할 곳은 점점 더 줄어들고, 주의가 산만해지거나 관심이 다른 데로 쏠리는 폐해도 줄어든다. 마음을 챙긴다는 것은 집중할 수 있다는 것을 의미한다. 그런데 어느새 유행이 되어버린 마음챙김이라는 개념의 바탕에는 무엇이 있는 것일까?

팔리어 사티sati와 삼파잔냐sampajañña는 알아차림, 신중함, 의식함, 깨어 있음, 마음챙김 등으로 번역된다. 쇼나 샤피로와 린다 칼슨은 『예술과 과학이 융합된 마음챙김』에서 마음챙김이란 "직접적인 체험에서 일어나는 일에 대해 신중하고 의식적으로 주의를 기울여야 함을 수시로 기억해내는 것"이라고 썼다. 이때 외부 세계를 지각하는 것보다는 자기 탐구가 훨씬 중요하다. 스즈키 순류는 "불교를 공부하는 목적은 불교에 대해 공부하는 것이 아니라 자기 자신에 대해 공부하는 것"이라고 했다. 달라이 라마는 자신의 종교가 무엇보다 전통적인 정신의 학문이라고 생각한다. 따라서 시선은 내면으로 향한다. 즉 다른 이들이 어떻게 행동하는지가 아니라 그에 대해 우리가 어떻게 반응하는지를 살펴보아야 하는 것이다. 비가 오는지 태양이 빛나는지가 아니라 우리 내면에서 어떤 생각과 감정이 일어나는지를 살펴보아야 하고, 내가 기쁜지 슬픈지가 아니라 우리 몸 안에서 그 기분들이 어떻게 표현되는지를 살펴보아야 한다. 우리의 생각들은 우리 자신이 사고하는 패턴을 드러내줄 뿐 실제 사실에 대해서는 그다지 알려주는 것이 없다. 비가 오거나 오지 않는 것, 기분이 좋거나 나쁜 것, 다른 사람들의 행동. 이러한 일어난 일들은 우리 안에 그저 한낱 생각들로서 담겨 있을 뿐, 처음에는 커다란 의미 같은 것이 없다. 그 생각들은 왔다가 거기에 머물다가 다시 사라진다.

　　마음챙김 수행을 함으로써 우리는 자신이 어떤 성격과 사고방식을 갖고 있는지 잘 이해하게 되고 그에 대해 거리를 둘 줄 알게 된다. 잭 콘필드에 따르면 "내면의 정신적 자유를 획득하는 것이야말로 불교의 수백 가지 가르침과 수행법의 목표이자 목적이다. 그 모든 방법은 우리에게 고통을 초래하는 부정적 패턴들을 인식하고 그런 다음 놓아버리며, 대신 그 자리에 긍정적인 습관들을 채우도록 도와준다." 불교가 자기 탐구를 가장 중요시하는 것은 바로 그 때문이다. 일상적인 것들의 종교이자 부단한 수행의 종교로서 불교는 지난 2,500여 년 동안 사람들의 자기 탐구의 실천적 경험들을 축적해왔다. 서구의 학자들에게 불교의 가르침과 기법들은 심리학적 경험의 토대가 된다. 마음챙김 기법은 신체와 영혼의 거의 모든 측면에 유익하게 작용하며, 이 점은 실험을 통해서도 다각도로 증명되었다.

　　미국의 의과대학 교수인 존 카밧진은 모든 환자와 의료진, 건물 관리인까지 모두 매일 명상을 하는 클리닉을 운영하여 큰 성공을 거두었다. 그가 불교와 인도의 마음챙김 명상 기법을 바탕으로 개발한 MBSR Mindfulness-Based Stress Reduction, 마음챙김을 통한 스트레스 완화 프로그램은 오늘날 심신의학계에서 가장 널리 알려지고 가장 성공한 방법 중 하나이다. 자신의 몸에 주의를 집중하는 연습을 함으로써 다른 많은 것들까지 아울러 훈련하게 되는 것이다. 샤피로와 칼슨은 이렇게 썼다. "아주 깊은 수준에서 볼 때 마음챙김은 자유를 위한 것이다. 반사적인 사고 패턴으로부터의 자유와 자동적인 반응으로부터의 자유, 마지막으로 고통으로부터의 자유까지 마음챙김은 매사에 대한 우리의 관계를 변화시키는 능력이 있다. 그에 따라 전혀 의문시되지 않은 채 조건화되어 강력하게 굳어 있던 사고 패턴들의 힘이 서서히 약해지는 것이다. (…) 인식과 깊은 지각의 명료함, 그리고 내면에 자리한 진실함의 안내를 받아 더욱 자각적으로 결정들을 내릴 수 있게 된다. 그렇게 우리는 마음이 마음을 관찰하는 능력을 갖도록 우리의 마음을 훈련한다. 그리고 그 시작은 언제나 현재 이 순간에서 이루어진다. 우리가 시작할 수 있는 유일한 장소는 바로 지금 이 순간뿐이기 때문이다."

마음챙김의 추이는 네 가지 양상으로 나뉘는데 잭 콘필드는 그것을 이렇게 분류했다. '알아차림-받아들임-탐색-동일시하지 않기.' 생활하고 일하는 과정에서 부딪히게 되는, 우리를 힘들게 하는 수많은 것들에 이 단계를 적용할 수 있다. 문제들을 회피하는 대신 첫 번째인 알아차림 단계로 들어가 그 문제들을 똑바로 바라보려고 노력해야 한다. 우선 문제가 무엇인지부터 알아차려야 하는 것이다. 그것이 항상 유쾌한 일은 아니지만, 유일한 길이다. 자신이 품고 있는 불안과 갈등을 무작정 회피하고 보는 사람은 다른 곳에서 또다시 그 불안과 갈등에 부딪히게 되어 있다. 게다가 우리가 미적대고 있을수록 불안과 갈등은 점점 더 커지는 경향이 있다. 삶의 중심에는 관계들이 자리 잡고 있다. 작업 의뢰자와의 관계, 동료나 직장 상사와의 관계, 세무사와의 관계, 배우자와 부모와 자녀들과의 관계, 동물들, 컴퓨터, 자동차, 공공 교통수단과의 관계, 그리고 마지막으로 자기 자신과의 관계까지. 미국의 선사인 샬럿 조코 벡은 베스트셀러 『가만히 앉다』에서 이렇게 썼다. "우리 생의 모든 순간은 관계이다. 관계 외에는 아무것도 없다. 관계 속 나의 존재를 제외하면 아무것도 없다."

그 관계들이 계속해서 잘 안 풀리는 것은 우리가 이러한 관계들이 제대로 작동해야 한다는 기대치들을 갖고 있기 때문이다. 다른 사람들은 대부분 우리가 생각하는 것과는 다르게 행동한다. 작업 의뢰는 너무 많거나 너무 적게 들어오고, 의뢰자들은 '옳지 않은' 행동을 한다. 그들은 이메일을 보내는 것이 훨씬 편할 때도 항상 전화를 걸어온다. 마감 기한은 대개 너무 촉박하게 잡혀 있다. 배우자와 아이들은 우리에게 요구하는 것이 있고, 솔직히 말하면 우리는 그들에게 더 큰 것을 요구한다. 컴퓨터는 고장이 나고, 승강장에 서서 기다리고 있는데도 전철은 도통 올 생각을 하지 않는다.

일상의 갈등들과 짜증들 배후에는 대개 다른 문제들이 숨어 있기 마련이다. 마음이 차분히 가라앉았을 때면 정말로 무엇이 문제인지를 직관적으로 깨닫게 되는 경우가 있다. 잭 콘필드는 이렇게 썼다. "알아차림은 우리의 자유를 망치는 부인으로부터 탈출할 수 있는 문을 열어준다. (…) 우리가 본질을 알아차리면 언제나 강력한 개방성이 생겨난다." 불안하다면 그 불안을 잘 보살펴야 한다. 자신이 품은 기대감을 드러내지 않고 있다면 그것을 말로 표현해야 한다(단지 그 기대들을 검토하기 위해서라도 그렇다). 갈등을 겉으로 드러내놓으면 당사자들이 아주 불편해지기는 하지만, 갈등이 잠재되고 억압된 경우와는 달리 해결 가능성이 생겨난다. 그대로 두면 세상은 언제나 그대로다.

자신이 불안하다거나 의심을 품고 있다거나 확신이 서지 않는다거나 실수를 했다는 것을 스스로 인정한다면, 둘째 단계인 받아들임의 단계로 들어선 것이다. 그 모든 것은 생활에서도 일에서도 충분히 일어나는 일들이다. "당신이 이해한다면 만물은 있는 그대로 존재한다. 그러나 당신이 이해하지 못해도 만물은 여전히 있는 그대로 존재한다." 이는 선불교에서 전해지는 말을 잭 콘필드가 인용한 것이다. 받아들임은 무기를 내려놓거나 포기하는 것이 아니다. 오히려 그 반대이다. 받아들임은 무언가를 변화시킬 수 있는 첫걸음이다. 문제들은 우리가 맞서 싸우기를 그만두면 훨씬 견디기가 쉬워진다. 우리는 불안해할 수도 있고 실수를 할 수도 있다. 그러나 결코 의심하지 않는다면 아마 엄청나게 둔감한 사람이라는 증거일 것이다. 길게 보면 불안이 있는 곳에 발전도 있는 법이다! 똑바로 들여다보면 그 불안의 크기는 절반으로 줄어든다. 정말로 용감한 사람은 자신이 불안하다는 것을 솔직히 시인한다.

많은 사람들이 답이 없는 일에 대해 이유나 의미를 묻는 질문들을 던지며 끊임없이 자신을 괴롭힌다. 그러나 자신이 생각해낸 이유들을 한동안이라도 믿을 수 있다면 마음의 안정을 얻는 것 같다. 불교 사상이 추천하는 탐색은, 물론 그 문제를 규명하는 것이기는 하지만 '왜'라는 질문에 답하는 것은 아니다. 이 점과 관련하여 붓다가 들려준 이야기가 하나 있다. 화살을 맞았을 때 이에 대처하는 두 가지 방식이 있다. 첫째 방식은 주로 서구적인 태도로서, 피가 흐르는 와중에도 누가 왜 화살을 쏘았는지 밝혀내고 범인을 추적하려는 것이다. 둘째 방식은 화살을 뽑아내고 상처를 치료하는 것이다. 우리가 지닌 문제들을 신중하게 규명하기 위해 우리가 할 일은 그저 관찰하는 것이다. 어떤 조건에서 그 문제가 발생했으며, 구체적으로 그 문제는 육체적으로 정신적으로 어떻게 표현되는지, 또 얼마나 오래 지속되며 어떤 조건에서 사라지는지를 관찰한다. 우리의 바람과 달리 행동하는 사람들이 왜 그러는지 이유를 알게 된다고 해서 문제가 썩 명쾌하게 해명되는 것은 아니다.

하루에 수천 대의 열차가 동시에 운행하는 복잡한 철도망

당신이 이해한다면
만물은 있는 그대로
존재한다. 그러나
당신이 이해하지 못해도
만물은 여전히 있는
그대로 존재한다.

에서는 연착이 일어나기 마련이다. 철로나 전차선에 결함이 생겼다면, 여러 다른 연결들에까지 그 영향이 퍼져나간다. 철도에서 생긴 문제이기 때문에 다른 열차들이 피해갈 수 있는 추월 차선도 없다. 게다가 구체적인 책임 소재가 분명하지 않은 경우도 많다. 그리고 원인이 분명한 경우에는 승강장의 분위기가 순식간에 달라질 수도 있다. 만약 '인명 사고로 인해' 열차의 도착이 지연되고 있다는 안내 방송이 나온다면, 그것은 누군가가 삶에 대한 절망감으로 열차에 몸을 던져 스스로 목숨을 끊었음을 알리는 셈이기 때문이다. 그러나 연착 시의 일반적인 반응은 기다리던 승객들이 마치 화를 내러 그곳에 온 사람들처럼 분노를 퍼뜨리는 것이다. 그런다고 해결되는 것도 아니고 신경만 혹사시킬 뿐인데도 말이다.

자기 안에서 분노가 솟구칠 때면 누구나 그 느낌을 알아차릴 수 있다. 그럴 때면 그 분노가 정확히 어디에 자리 잡고 있는지 주의를 기울여보라. 머리나 뱃속에서 압박감이 느껴지는가? 어딘가에서 경련이 일거나, 그 자리를 주먹으로 두드리고 싶은가? 그런 상태는 얼마나 오래 지속되는가? 열차가 도착하면 사라지는가? 아니면 열차에 타서 다른 승객들과 함께 욕을 퍼붓고 나서야 사라지는가? 어떤 경우든 분노는 사라진다. 어떤 조건들이 갖춰질 때 분노가 사라지는지 알아보라. 커피를 한 잔 마시면서 어느 정도 여유로운 시간을 가질 때일 수도 있고, 신문에서 흥미진진한 기사를 읽거나 특정한 음악을 들을 때일 수도 있다. 어쩌면 선로 옆에서 장난을 치고 있는 아이에게 관심이 쏠릴 수도 있다. 또는 재미있는 사람을 만나 즐거운 대화를 이어나갈 수도 있다. 열차 연착으로 결혼에까지 이른 사연들도 있지 않은가. 또 달이나 구름이 움직이는 섬세한 모양을 바라볼 수도 있다. 화와 분노, 의심과 두려움은 육체적인 상태들이고 우리는 거기에 주의를 집중시킬 수 있다. 모든 생각들이 그렇듯이 그 감정들도 물결 같은 움직임으로 다가온다. 생겨나서 점점 더 커지고 비스듬히 기울다가 다시 점차 사그라지는 것이다. 그리고 우리에게는 정보를 얻을 수 있는 아주 중요한 원천이 하나 있는데 그것은 바로 우리의 호흡이다. 무언가 잘못되면 호흡은 가빠지고 얕아진다. 심호흡을 열 번 정도하는 것만으로도 대개는 분노가 반 정도로 줄어든다.

―――――――――― 3.07> **자신과 문제를 동일시하지 말 것**
　　　　　　　　　　마음챙김의 마지막 단계는 동일시를 거부하는 것이다. 단순하게 말하면, 자신이 인식한 내용에 대해 가치판단을 내리지 말아야 한다는 것이다. 이는 무엇보다 자기 자신에게 해당하는 말이다. 자신이 어떤 일에 실패했거나, 돈이 없거나, 병이 들었거나, 창작의 샘이 막혀버렸다면, 그것이 어렵고 고통스러운 상황인 것은 맞지만 그 일 자체만 보아서는 좋은 일도 나쁜 일도 아니다. 그저 실제로 존재하는 삶의 한 부분일 뿐,

개인적으로 우리의 마음을 상하게 하려는 의도로 일어나는 일은 없다. 어떤 일이든 마찬가지이다. 그 일은 당신에 대한 개인적인 의도를 갖고 벌어진 것이 아니다!

"서서히, 하루하루, 지나간 일들이 나란히 줄지어 선다." 이는 요사 부손의 하이쿠이다. 예컨대 어떤 동료가 당신을 향해 심한 욕설을 쏟아냈다면, 그것은 당신이 아니라 화를 내고 있는 그 사람에 관해 뭔가를 말해주는 일이다. 격분에 사로잡힌 한 사람이 거기 있었고, 당신은 그의 사격 거리 안에 있었다. 단지 그 뿐이다. 이 모든 세속적인 현상들은 바로 지금만 당신 곁에 머무는 것이다. 내일이면 이미 다른 어딘가로 가고 없다. 오늘은 비가 내린다. 어쩌면 사흘 내리 비가 내릴 수도 있다. 그 후에는 태양이 빛날 것이다. 그때까지 구름 뒤에 내내 숨어 있었지만 그래도 태양은 늘 그 자리에 있다. 항상 성공만 하거나 항상 실패만 하는 것은 가능성이 없는 일이다. 일상에서 일어나는 일들은 "세계에 객관적으로 존재하는 대상들이다. 그 일들은 우리를 돕거나 해하는 데 아무 관심이 없다. 세계 안에서 일어나는 상황들에 대해서는 굳이 깊이 생각할 필요가 없고, 대신 그 상황들이 발생할 때 현실적으로 대처하면 되는 것이다. 지금 우리 앞에 놓여 있는 한 가지 문제부터 처리하고, 그런 다음 이어서 다음 문제에 몰두하여 해결하면 된다. 이런 식으로 문제를 차례로 하나씩 풀어나가면 되는 것이다. 그 외에 다른 방법은 없다." 구도 와푼 니시지마 선사가 한 유명한 말이다.

그럴 때 우리는 이어지는 크고 작은 문제들의 연쇄를 완전히 끝낼 수 있다는 희망을 가져서는 안 된다. 새로운 문제는 언제나 생기기 마련이고 우리가 문제들로부터 완전히 벗어날 수는 없다. 게다가 우리는 종종 자신의 감정에까지 속수무책으로 휘둘리게 되는데, 이에 대해서는 "당신의 감정은 당신이 아니며, 당신이 어떤 감정을 느끼는 것일 뿐"이라는 안드레아스 크누프의 말이 정답이다. 때때로 우리는 문제에 대해 전혀 거리를 두지 못할 정도로 자신과 문제를 강력하게 동일시한다. 그러나 문제에 대해 동일시하지 않도록 연습하다 보면 그로부터 거리를 둘 수 있게 된다. 그렇게 되면 문제는 한편으로 더 작아지고 또 한편으로는 더 평범해진다. 그래서 아야 케마는 세 단계의 실천을 제안한다. 우선 문제를 알아차려야 하고, 그런 다음에는 가치 평가를 하지 말아야 하며, 마지막으로 행동으로써 뭐라도 변화시켜야 한다. 알아차리고, 평가하지 말며, 변화하라! 그것은 어떻게 배울 수 있을까?

_____ 3.08> **삶의 휴전 같은 명상**

생각들을 놓아버리고 자신을 좀 더 잘 알아가도록 도와주는 수련 방법들이 효과가 있다. 요가나 기공, 태극권 등을 통해 요통을 몰아낸 사람들도 많고, 스트레스로 고통받는 사람들은 명상을 해보라는 권유를 많이 받는다. 직접 실행해본 사람들은 어느 정도 시간이 지나면 그것이 단순한 체조나 긴장 해소법이 아니라 훨씬 더 많은 것들이 걸려 있는 것임을 깨닫게 된다. 고도의 주의 집중을 요하는 그 수련법들은 우리가 자신의 신체와 다시 연결되도록 도와준다. 또한 그동안 불교의 (특히 선불교, 티베트 불교, 상좌부 불교 등 명망 있는 종단들의) 명상이 내적인 제약과 불안을 극복하는 데 도움이 된다는 것이 체계적 연구들을 통해 밝혀졌다.

자기 생각의 감옥에서 벗어나게 해주는 즉효약이나 손쉬운 비결은 없다. 사고 패턴과 감정적 반응은 평생에 걸쳐 형성되면서 굳어진 것이기 때문에 짧은 시간 안에 바뀌지 않는다. 더구나 안드레아스 크누프에 따르면 감정이란 단순히 외적인 사건들에 대한 반응만은 아니다. "우리는 대개 부모 또는 가까운 양육자들에게서 전형적인 반응 패턴들을 물려받는다. 불안해하는 어머니 밑에서 자란 사람은 그 역시 곧잘 불안으로 반응하며, 성마른 아버지 밑에서 큰 사람은 그 역시 갑작스러운 분노의 폭발에 사로잡힌 적이 있을 것이다. 이것이 감정을 관찰하는 법을 배워 자기 감정에 짓눌리지 않도록 해야 할 또 하나의 이유이다. 사실은 전혀 자신에게서 나온 것이 아니라 다른 사람을 모방한 것에 지나지 않는 감정들에 사로잡혀 있다면, 그것이 누구에게 도움이 되겠는가."

명상 수행을 지속적으로 하면 긍정적인 부차적 효과들이 생긴다. 자신의 생각이나 감정을 지나치게 진지하게 받아들이는 사람은 그 생각과 감정에 속수무책으로 휘둘리기 마련이다. 샬럿 조코 벡은 한 명상 강연에서 이렇게 말했다. "인생이 두려워지는 것은 우리가 자신의 혼란스러운 생각들의 파편 더미에 스스로 파묻혀버리기 때문입니다. 그렇게 되도록 방치해서는 안 됩니다. 부디 진지하게 수련하세요." 혼란스러운 생각들 뒤에는 흔히 거리두기가 거의 불가능한 감정들이 자리 잡고 있다. 정신적인 명상과 신체적인 명상 모두 사고와 육체를 부드럽고 유연하게 만드는 데 중점을 둔다. 그러한 수련을 지속적으로 행하여 습관으로 삼으면, 부정적 생각에 골똘히 파고드는 습관에도 긍정적인 변화를 일으킬 수 있다.

명상에서는 올바른 결가부좌 (또는 반가부좌) 자세가 중요한 역할을 하는데, 무엇보다 몸과 함께 이루어지는 과정이기 때문이다. 그러므로 제대로 된 명상 학교에서 지도를 받는 것이 중요하다. 요가나 좌선은 책이나 교육용 영상으로 배울 수 있는 것이 아니다. 긴장을 푸는 기술이라는 의미는 부차적인 것일 뿐이며, 더 중요한 것은 집중하는 연습이다. 진지한 명상의 기법은 자발성 훈련이 아니며, 스포츠를 할 때 경험하는 '신경 끄기'와도 비교할 수 없다(그러나 유감스럽게도 많은 사람들이 그런 비유를 든다). 호흡에 주의를 집중하고 숨이 10회 들고 나는 것을 세려고 시도해본 사람이라면 집중이 금세 흐트러져 버린다는 것을 알 것이다. 온갖 생각이 끊임없이 일어나고, 우리의 정신은 계속해서 생각들을 만들어낸다. 명상을 함으로써 우리는 그러한 생각들의 외부에서 그 생각들을 관찰하고 놓아버릴 줄 알게 된다. 그것은 자신의 사고 패턴을 중단시키는 것이 아니다. 우리는 변하지 않거나 변한다 해도 아주 천천히 변할 것이다. 하지만 어느 정도 시간이 지나면 자신의 감정과 사고의 구조를 꿰뚫어보게 되고, 그렇게 되면 커다란 자유를 얻게 된다. 계속해서 연습을 하는 사람은 더 차분해지고 더 자유로워지며 집중을 더 오래 유지할 수 있게 된다.

우리를 가두고 있는 사고방식을 만들어내는 것은 바로 우리의 머리이다. 우리가 하는 생각들은 '현실'보다는 우리의 사고 과정이 어떠한지를 보여주는 것이므로, 자신이 어떤 패턴으로 반응하는지를 알아두는 것이 상책이다. 안드레아스 크누프는 일어나는 생각들을 과거와 미래와 난센스의 세 가지로 분류할 것을 제안한다. 그 셋을 제외하면 더 이상 우리를 괴롭히는 생각이 없다는 것을 곧 알게 될 것이다. 물론 생각은 멈추지 않고 흐르며 뇌는 늘 그렇듯이 생각을 이어간다. 그래도 놓아버리기가 한결 쉬워진다. 지속적으로 수련하면 더 이상 자신의 감정과 충동에 즉각적으로 내맡겨지지 않는다. 명상이나 요가에서 즉각적인 효과를 기대할 수는 없다. 둘 다 영적인 방법들이며, 그에 따르는 부차적인 효과들은 천천히 그러나 꾸준하게 나타난다. 많은 사람들에게 아침 식사 전이든 저녁이든 매일 정해진 시간에 하는 명상은 하루 중에서 유용하거나 구체적인 무언가를 즉각 기대할 수 없는 유일한 시간이다.

사와키 코도 선사는 이렇게 말했다. "스트레스는 우리가 자초하는 것이다. 우리는 달리기 시합을 벌이고, 누가 제일 긴지 보려고 몸을 쭉 잡아 늘인다. 그런 경쟁에서 빠져나와 휴식을 취해야 한다." 또한 명상은 '삶의 휴전' 같은 것이어야 한다. 명상법은 창의성을 기르기 위한 수단이 아니다. 그것은 먼저 우리 머릿속에 있는 감옥을 알아차리고, 그런 다음 천천히 그 창살들을 하나씩 뽑아내는 유일한 방법이다. 집중할 수 있는 사람은 자신의 행동 방식을 인지하고 있되 거기에 속수무책으로 휘둘리지 않으며, 신중하게 행동하는 사람은 더 자유롭다. 또한 공격적이거나 반항적인 행동을 하지 않고도 상당한 정도의 창조적 잠재력을 계발할 수 있다. 그러므로 머릿속 감옥에서 탈출하는 데 필요한 것은 쇠 지렛대가 아니라 매일 수행하는 것이다.

동양의 무술과 명상의 장점은 대단히 실용적이고 일상에 맞추어져 있다는 것이다. 무언가를 믿어야 할 필요도 없고, 그에 관해 많이 알아야 하는 것도 아니다. 그저 행하기만 하면 되는 것이다! 직접 시도해보되, 그동안에는 명상을 해야 하느냐 말아야 하느냐라는 질문을 던지지 마라. 좌선은 변명을 그만두는 것, 더 이상 핑계를 대지 않는 것, 그냥 한 번 겉으로도 속으로도 아무 말도 하지 않는 것을 의미한다. 샬럿 조코 벡은 이렇게 썼다. "수행은 아주 간단한 일이다. 그렇다고 그 수행이 당신의 인생을 완전히 뒤집어놓지 않을 거라는 말은 아니다. (⋯) 가만히 앉아 있는 것은 근본적으로 단순한 것을 위한 여지이다. 나날의 삶은 끊임없이 움직이고 있다. 언제나 무슨 일인가 벌어진다. (…) 명상의 주제는 어떤 상황이 아니라 명상하고 있는 사람 자신이다. 여기서 중요한 것은 어떤 활동에 관한 것도, 무언가를 고수하는 것도, 무언가를 달성하는 것도 아니다. 명상에서 중요한 것은 바로 우리 자신이다."

입문 과정에 등록하고, 그것이 효과가 있는지 없는지 따지지 말고 6주만 버텨보라. 그만큼 해본 뒤에야 판단을 내리고 계속할지 말지 결정하라. 명상이 자신에게 맞는 길인지, 창조성에 어떤 영향을 미치는지 알아볼 방법은 그것뿐이다. 존 다이도 루리는 사진가로서도 선사로서도 명망 높은 인물이다. 그는 『창조성의 선Das Zen der Kreativität』에서 이렇게 썼다. "고요함의 지점은 창조적 과정의 심장부이다. 선에서는 좌선을 통해 그 지점으로 들어가는 입구를 발견한다. 고요함의 지점은 태풍의 눈과 같다. 혼돈의 한가운데에서도 고요하고 차분하다. 많은 사람들은 그것이 어떤 텅 빔이며 세계로부터 차단되는 것이라고 믿지만, 그것은 잘못된 생각이다. 고요해진다는 것은 멈추지 않는 생각의 흐름으로부터 자신을 비워내고, 개방적이고 수용적인 의식으로 들어서는 것을 뜻한다. 고요함은 전적으로 자연스럽고 단순한 것이다. 그것은 어떤 식으로도 신비적인 것은 아니지만, 그럼에도 믿기 어려울 정도로 의미로 가득 차 있다."

# 4

⋮

## 때로는
## 절망도
## 힘이 된다

**다시 시작할 수 있는 용기**

당신은 꿈처럼 아름다운 여름 해변에 앉아 불어오는 바닷바람을 피부로 느끼며 대서양을 바라보고 있다. 세상은 햇살을 담뿍 받은 모습이다. 그런데도 당신은 뭔가 마뜩하지가 않고 마음대로 되는 일이 하나도 없는 것 같아 가슴이 답답하다. 당신의 머릿속은 앞으로의 직업상의 문제, 동료나 의뢰자와의 갈등에 대한 걱정들로 어지럽다. 투숙한 호텔에서도 사소한 것들이 자꾸만 신경을 거스른다. 커피 맛도 별로고 조식 뷔페에는 누텔라도 없었다. 당신은 이중으로 화가 난다. '왜 이런 순간에도 부정적인 생각만 쫓아다니는 거지? 정말 모든 게 다 좋을 수 있는데, 아니, 실제로 모든 게 다 좋은데 말이야.' 당신의 머리는 전혀 쉴 생각을 하지 않고, 결국 당신은 좌절감을 안고 호텔방으로 돌아간다.

긴장되는 상황에 처하면 우리는 자연스럽게 전투태세에 돌입하여 에너지를 총동원한다. 그러나 일단 '전쟁터'에서 벗어나면 순식간에 불만감이 우리를 덮친다. 유감스러운 일이지만, 자유로운 시간을 보낸다고 해서 자기가 마땅히 누려야 할 자유를 마냥 긍정적으로 받아들일 수 있는 것은 아니다. 절망은 어떤 조건에서든 고개를 들 수 있다. 그리고 세계가 우리에게 낙원 같은 모습을 보여줄수록 우리의 머리는 흠잡을 대상을 더 열심히 찾는다. 우리의 뇌는 느긋하게 해먹에 누워 있도록 만들어지지 않은 것 같고, 안타깝게도 자연스러운 정지 상태 같은 것은 모르는 것 같다. 그냥 모든 게 다 좋으면 따분해질까 봐 그러는지 그 전에 문제를 만들어낸다. 게다가 우리가 잠들어 있을 때에도 뇌는 쉬지 않고 활동한다.

창조적인 일을 하는 사람들은 늘 고도로 복잡한 문제를 풀어내기 때문에 그들의 뇌는 절망에 상당히 취약한 상태이다. 대부분의 직업군은 명확하게 한정되고 미리 정해진 과제들을 해결하는 일을 하지만, 창조적인 일을 하는 사람들은 종종 문제가 정확히 어디에 있는지조차 분명하지 않은 난제들에 직면한다. 그들은 문제들을 탐색하고 발견한 다음 그에 대해 시각적이거나 언어적, 물질적인 해결책들을 구상한다. 창조적인 사람들은 이미 존재하고 있는 것에 만족해서는 안 된다. 그렇다고 창조가 쉬운 일이었던 적은 한 번도 없었다. 문제들을 찾아내는 것만도 고된 일이지만, 구상한 해결책들을 구현하는 일은 장애물 경주와도 같다. 바로 이 구현 단계에서 많은 이들이 좌절하고 기운을 잃고 실의에 빠진다.

빼어난 창작자란 최고의 아이디어를 단숨에 구현함으로써 두각을 나타내는 사람이 아니라, 끝까지 인내하며 기꺼이 다시 시작할 줄 아는 사람이다. 좌절 앞에서 쓰러지는 것이 아니라 자신을 더 독려할 수 있는 사람이다. 자신과 세계 때문에 괴로워하는 사람들의 비율은 전 세계의 지게차 기사나 세무사의 비율보다 더 높을 것이다. 그러나 너무 극단적이지 않고 약간 활기를 빼앗는 정도라면 그러한 내적인 괴로움도 자극이 될 수 있다. 고통의 스펙트럼에는 가벼운 좌절감부터 우울증에 빠질 정도로 심각한 경우까지 다양하다. 잉마르 베리만이나 안드레이 타르코프스키, 라스 폰 트리에 감독의 영화를 본 사람이라면 그들이 어떤 감정이나 생각으로 괴로워하는지 짐작할 것이다.

과학저널리스트 바스 카스트는 창의성이란 "사물을 통상적인 시선과는 조금 다르게 보고 다르게 경험하는 것"이라고 썼다. 여기서는 감정과 직관이 결정적인 역할을 한다. 창의적인 사람들이 극단적인 감정의 동요를 자주 경험하는 것도 바로 그 때문이다. 창조성과 관련된 이야기들에는 우울증과 마약, 자살 이야기가 잔뜩 포진해 있다. 카스트에 따르면 그 극단적인 형태는 "창의성을 더욱 촉진하는 양극성 장애인 조울증"이다. 조증 단계는 고양된 창조성을 특징으로 하는데, 물론 그 뒤로는 엄청난 탈진이 이어진다. 이런 단계적 변화는 전력투구와 창조력 다음에 긴장 완화와 회복이 뒤따르는 것으로, 균형만 잘 맞춘다면 지극히 정상적이고 긍정적인 과정이다. 창조적인 노동의 극단적 형태에서는 모든 것이 통제할 수 없는 상태가 될 수도 있다.

~~~~~~~~~~ 4.02> **완벽해질 필요는 없다**

르네상스 시대 이후로 사람들은 갈수록 더 자유로워졌지만 한편으로는 갈수록 더 우울해졌다. 전 세계적으로 자살자의 수가 증가했고, 우울증은 가장 흔한 질병이 되었으며, 미국에서뿐 아니라 수백만 명의 사람들이 의사의 처방이 있어야만 구할 수 있는 우울증 치료제를 복용하고 있다. 그런데 그 원인이 우리 머릿속에만 있는 것은 아니다. 중세 사람들에게는 미리 정해진 변하지 않는 자신의 위치가 있었던 반면, 우리는 스스로 노력해서 그 자리를 만들 수 있을 뿐 아니라 만들어야만 한다. 또한 한 인간으로서 우리가 어떤 존재인가는 더 이상 출생이나 신의 뜻에 의해 결정되지 않는다. 각 개인이 처음부터 스스로 자신을 만들어가야 하는 것이다. 우리의 문화는 우리가 평생 동안 자기 자신을 갈고 닦을 것을 요구한다. 우리는 명백히 미완성된 존재이며 따라서 자신을 향상시켜야 할 책임이 있다. 이 일에서 공동체는 별 도움이 되지 않으며, 시대정신은 우리가 개인적으로 대처해나가기를 요구한다. 이것은 무엇을 의미하는 것일까? 오늘날 주변을 둘러보면 무엇보다 일단 자신이 유일무이한 개체라는 것을 증명해야만 직성이 풀리는 사람들로 가득하다. 그러나 모든 사람이 자신을 명확히 구분해야만 하고 유일한 존재로 보여야 한다는 압박을 받는다면 복잡한 상황이 발생한다. 그리고 이러한 모순에서 심적 부담이 생긴다.

최근에 나는 작은 의상실의 진열장에서 이런 표지판을 보았다. "아침에는 모든 사람이 똑같다. 그래서 그들은 옷을 차려 입는다." 이 문구는 이탈리아의 사회학자 엘레나 에스포지토가 『일시적인 것의 구속성Die Verbindlichkeit des Vorübergehenden』에서 기술한 내용을 참신하게 압축하고 있다. 즉 유행이란 역설적이게도 모든 사람이 하는 것을 똑같이 함으로써 개성적으로 보이게 하는 것이라는 설명이다. 만약 개성이라는 것이 실제로 존재한다면 그것은 요컨대 눈에 보이지 않는 것이다. 반대로 옷은 눈에 보인다. 제2의 피부인 옷은 일상의 가장 중요한 신호체계로서 우리가 어떤 사람인지를 겉에서도 알아볼 수 있다는 환상을 만들어낸다.

　　유행이 그렇게 창의적인 성격을 띠고 성공적일 수 있는 것은 그것이 광범위한 기능을 수행하기 때문이다. 우리는 옷을 보고 그 사람의 첫인상에 대한 판단을 내리며, 어느 직업군에 속하는지 적어도 대략적으로는 알 수 있고, 어떤 환경에 속해 있는지에 대해서는 좀 더 정확히 알 수 있다. 한 도시의 다양한 놀이터들을 다녀본 적이 있는 사람이라면, 어린아이들의 차림새에서 환경의 차이가 얼마나 일찌감치 드러나는지 알 것이다. 게다가 지난 200년 동안 거울도 서서히 모든 계층으로 확산되었다. 하루 동안 집안의 거울을 모두 치우고 지내보면 그 사소해 보이는 물건이 우리에게 얼마나 엄청난 힘을 행사하고 있었는지 깨닫게 될 것이다. 아침에 거울을 보지 않고서 집 밖으로 나서본 적이 있는가? 언젠가 철학자 페터 슬로터다이크는 거울이 모든 곳에 침투한 뒤로 우리에게는 사실상 더 이상 독재자가 필요 없게 되었다고 말했다. 이제는 우리가 매일 아침 자신을 비판적으로 검토함으로써 그 통제권을 스스로 넘겨받았기 때문이라는 것이다. 거울을 들여다보는 것은 고통스러운 일이 될 수도 있다.

틱낫한 선사는 그러한 자기통제를 반대 방향으로 활용하라고 제안한다. "자기 안에서 화와 분노가 치솟을 때마다 거울을 들여다보라. 화가 나 있을 때 당신의 모습은 그리 아름답지 않을 뿐 아니라 남 앞에 당당히 내보일 만한 모습도 아니다. 수백 개의 얼굴 근육은 잔뜩 긴장하고 있고 얼굴은 폭발하기 직전의 폭탄처럼 보인다. (…) 거울을 늘 지니고 다니면서 자신의 상태를 점검하라. 몇 차례 심호흡을 하고 나면 어느 정도 긴장이 풀리고 조금은 가벼워진 것을 느낄 것이다." 내면의 통제 욕구도 불필요한 분노로부터 자신을 보호하는 데 도움이 될 수 있다.

프랑스의 사회학자 알랭 에랭베르는 현재를 "모든 사람에게 자기 자신이 되어야 한다는 것을 개인적 의무로서 요구하는" 시대라고 본다. 예전에는 통제되고 검열받고 가혹한 처벌로써 규율을 강요받았다면, 오늘날 우리는 개인적으로 결정을 내리고 스스로 주도권을 잡고 행동하도록 강요받는다. 에랭베르는 이렇게 썼다. "사람은 더 이상 외적인 질서에 의해 (…) 움직이지 않고, 자신의 내적 동기에 의지해야 하며 자신의 정신적 능력을 꺼내 써야 한다. (…) 프로젝트, 동기부여, 커뮤니케이션 같은 개념들이 우리의 문화를 지배하는 가치들이며 이 시대의 슬로건들이다." 이 세 가지 핵심 개념은 창의적인 분야의 아틀리에와 에이전시, 사무실 어디에나 스며들어 있다. 여기서 중요한 것은 당연히 개선이다. 무언가를 다시 디자인한다는 것은 그것을 더 낫게 만드는 것을 의미한다. 그래서 페터 슬로터다이크는 디자인의 정언명령을 이렇게 공식화했다. "상품 시장에서 겉으로 보이는 당신의 모습을, 언제나 자기 존재의 동기가 개선을 향한 노력의 표현이자 자극으로 여겨지도록 제시하라."

현대에는 경제뿐 아니라 창조성까지도 무한 성장이라는 무시무시한 개념을 추종한다. 하지만 우리가 생산한 것이 완벽해질 필요가 없는 것처럼 우리 역시 완벽해지지 않아도 된다. 우리는 우리의 과제들뿐 아니라 우리 자신까지도 하나의 프로젝트로 본다. 슬로터다이크는 자유가 점점 더 큰 압력을 야기함으로써 스스로 무언가를, 혹은 많은 것을 만들어내는 사람들과 아주 적게 만들거나 전혀 만들지 않는 사람들 사이의 차이를 점점 더 두드러지게 한다고 생각한다. 그 결과 사람들은 점점 더 심한 탈진 상태에 빠진다. 자기 자신이 되고, 개성적으로 보이기 위해 끝없이 고군분투해야 하기 때문이다. 창조적인 사람들—다른 사람들보다 더 독창적으로 보여야만 하는—은 인정사정없는 사회적 압박에 무방비로 노출되어 있다. 이러한 문화적 강요들을 꿰뚫어보기란 쉽지 않다. 일상에서 우리가 늘 그 점에 대해서만 숙고하고 있을 수는 없고, 도전적인 실제의 과제들에 몰두하고 있기 때문에 그 강요들은 눈에 띄지 않는 상태로 남아 있다. 매일 아침 일어나면 해야 할 일이 있고 꾸려나가야 할 생활이 있다. 그래도 그 미묘한 압박들은 불쾌한 기분이라는 형태로 스스로를 표현한다. 그 어두운 감정 역시 나름의 논리를 따르는데,

그것을 검토해보면 큰 도움이 될 것이다.

4.03> **감정이 전부는 아니다**

생각은 다른 사람들에게 보이지 않지만 감정은 몸을 통해 표현된다. 감정연구가인 폴 에크먼에 따르면 "감정은 우리 안에서 일어나는 일을 다른 사람들에게 알려준다." 우리가 느끼는 감정의 근원을 고스란히 이해하기는 어렵지만, 생각들을 그에 대한 실마리로 삼을 수는 있다. 그러나 생각들 역시 무에서부터 생겨나는 경우가 많다. 사소하고 의미 없는 사건들이 어마어마한 감정을 촉발할 수도 있다. 아침에 불쾌한 기분으로 깨어난 경험이 있는 사람이라면, 아무런 외적인 원인이 없는데도 불구하고 기분이 침울해지기만 하는 날이 있다는 걸 알 것이다. 비가 오고 쌀쌀하다는 이유로 화가 나는 날도 있지만, 우산을 챙기고 두꺼운 스웨터를 꺼내 입을 뿐 그런 걸로 기분 나빠하지 않는 날도 있다. 사건들 자체에 담겨 있는 여러 가지 작은 자극들이 우리에게 특정한 감정을 촉발할 수도 있지만 반드시 그런 것은 아니다. 이러한 감정 반응 방식들은 유년기부터 학습한 것으로, 우리 자신은 대체로 전혀 의식하지 못한다. 어쨌든 그 반응들은 우리 자신에게서 생겨난 것이라기보다는 주변 환경을 '모방'한 것이다.

폴 에크먼은 감정을 일련의 감각들을 수반하는 단기적 상태로 정의했다. 감정들은 또한 오래가는 기분으로 바뀔 수도 있다. 큰 낙담을 비롯한 여러 감정들은 우리의 인식과 인지에까지 스며든다. 그럴 때 우리는 에크먼의 표현에 따르면 "그 감정에 어울리는 특정한 정보들만을 기억하게 되는" 상황에 빠져든다. 이를테면 아침에 누텔라 병이 비어 있어서 평소 습관대로 식사를 하지 못했을 때, 그 짧막한 좌절은 지극히 비합리적인 방식으로 오래가는 어두운 기분으로 옮아갈 수 있는 것이다. 그러면 우리의 왜곡된 인지는 필요한 모든 것을 순식간에 조합하여 멋대로 상상해버린다. 날씨가 마음에 들지 않고, 사람들은 무례하게 쳐다보며, 전철은 너무 복잡하고, 사무실 전화벨 소리는 신경을 긁어댄다. 입고 나온 옷도 불편하다. 나쁜 기분을 촉발한 도화선이 무엇이었는지는 이미 무의미해진 지 오래다.

폴 에크먼에 따르면 "우리는 그런 기분이 아닐 때와는 다르게 세상을 바라본다. 기분이 우리의 반응을 왜곡하고 제한하는 것이다." 한 가지 생각에 골똘히 파고드는 경향이 있는 사람은 나쁜 기분에 더 쉽게 빠져들고, 의심과 맴도는 생각들은 불안을 심화한다. 창조적인 일을 하는 사람들은 일에 전념하기 위해 혼자 있는 시간이 많이 필요하기 때문에 홈 오피스나 사무실 또는 아틀리에에 '갇혀 있는' 경우가 많다. 스스로 주의를 다른 곳으로 돌리기는 어려우므로 사교적 접촉이 없는 사람은 어두운 기분에서 빠져나오기가 더더욱 어렵다. 우리는 '자기비판 중독'에 속수무책으로 노출되어 있고, 그것을 떨쳐내려면 힘겨운 노

빼어난 창작자란
아이디어를 단숨에
구현해내는 사람이
아니라 끝까지 인내하며
기꺼이 다시 시작할
줄 아는 사람이다.
좌절 앞에서 자신을
더 독려할 수 있는
사람이다.

력이 필요하다. "이러한 확신들은 언제나 부정적인 색채로 물들어 있어서, 마치 우리가 '검은색 안경'을 쓰고서 '현실'을 해석하는 것과 같다." 에즈라 베이다가 『선 또는 일상의 늪에서 벗어나는 기술Zen oder die Kunst, einen Weg aus den Sümpfen des Alltags zu finden』에서 한 말이다. 우리는 스스로 자기를 깎아내리는 평가를 하고는 그것을 실제 사실로 받아들이며, 그렇기 때문에 자기 삶이 '마음에 안 드는 퍼즐'처럼 보이는 것이다. 베이다에 따르면 "이 부정적인 필터들은 과거에 한 불쾌한 경험들의 소산으로서 현실을 직접적으로 정확하게 반영하지 않는데도 불구하고 우리가 처한 현실의 형태를 결정한다." 그 일상의 심리적 현상들은 전체적으로 훨씬 커다란 착오의 한 부분을 이룬다. 자신의 감정을 너무 중요하게 여김으로써 거기에 종속되는 것이다. 우리는 자신의 감정 상태뿐 아니라 자기 자신을 지나치게 중요하게 받아들이는 경우가 많다.


~~~~~~~~~~~ 4.04>  **우울은 극복할 수 있는 악덕이다**

　　기독교 전통에서는 우울을 사람들이 견뎌내야만 하는, 그러나 노력해서 이겨낼 수 있는 기본적인 악덕이라고 보았다. 우울감은 과거를 이상적으로 바라보는 시각에서 기인하는 경우가 많은데, 남들과 비교하여 자신에게 불리한 쪽으로 해석하는 것도 좌절감을 부추기는 요인이다. 수도자들은 인간을 신에게서 멀어지게 하는 인간의 특징 여덟 가지를 8대 악덕으로 꼽았다. 우울감 외에도 무절제한 탐식, 돈에 대한 탐욕, 분노, 게으름, 허영에 찬 명예욕, 음탕함과 자만심이 포함된다. 흥미롭게도 이 목록에는 오늘날까지도 우리를 괴롭히는 감정들이 포함되어 있으며 집중을 방해하는 전형적인 요소들도 모여 있다.

또한 이 목록을 보다 보면 우리가 산만한 주의력을 너무나 손쉽게 '미디어' 탓으로 돌려버리는 경향이 있다는 것도 알수 있다. 사실 음식을 너무 많이 먹었을 때나 나태하게 늘어져 있을 때, 분노로 가득 차 있을 때, 자만심으로 눈이 멀어 있을 때, 슬픔에 빠져 있을 때, 그리고 양심의 가책으로 괴로워할 때도 집중해서 일하는 것은 쉽지 않다. 이미 중세 초기 사람들도 통상적인 노동 시간에 출몰하는 '한낮의 악마'를 발견했는데, 이는 오늘날 우리도 누구나 알고 있는 나태함Akedia을 가리킨다. 그러고 보면 8대 악덕론은 놀라울 정도로 일상에 밀착되어 있다. 게다가 그렇게 오래된 학설임에도 심리학적으로 참신하다. 원치 않는 생각들이 떠오를 때 그 생각에 이름을 붙여주면 그로부터 거리를 둘 수 있기 때문이다. 한번 시도해보라. 자신이 느끼는 우울감이나 완벽주의를 머릿속에서 하나의 인물로 상상해보라. 그 또는 그녀의 모습은 어떠한가? 그 악마에게 이름을 붙여주고 대화를 나누어보라. 대개의 경우 의사를 명확히 전달하는 것만으로도 그 악마를 쫓아 보낼 수 있다.

그 누구도 우울감을 피해갈 수는 없다. 그것은 모든 이의 삶을 구성하는 한 요소이기 때문이다. 중요한 것은 우리가 그 감정을 어떻게 받아들이고 어떻게 처리하는가이다. 두려움처럼 우울감 역시 적절한 형식을 갖춘다면 생산적으로 기여할 수 있다. 언젠가 라스 폰 트리에 감독은 영화를 만듦으로써 자신의 우울증을 치료한다고 말한 적이 있다. 이제 심리학자들은 일반적으로 부정적인 생각 대신 긍정적인 생각을 하라는 단순한 조언은 하지 않는다. 그 방법은 사소한 문제에는 도움이 될 수 있고 시도해볼 만하지만, 우리 영혼의 부정적인 부분을 억압하는 식으로 적용해서는 안 된다. 지그문트 프로이트는 억압된 것은 더욱 큰 힘으로 되돌아올 수도 있다고 말했다.

또한 원치 않는 감정이 찾아올 때는 그 기분을 똑바로 직면해보는 것도 의미 있는 일이다. 그렇다면 그 방법은 무엇일까? 먼저 그 슬픔의 유형이 실제로 우리가 단순한 방법으로도 극복할 수 있는 것인지 알아야 한다. 서구 역사에서도 대부분 그랬고 아시아 문화권에서도 자신의 감정이나 기분을 무절제하게 표출하는 것은 부적절한 일로 여겨져 왔다. 사회학자 리처드 세넷은 특정한 행동 규칙이 존재하던 공식적인 공공의 영역이 점점 붕괴하면서 '내밀성의 폭압'이 기승을 부리고 있다고 보았다. 대중 교통수단을 이용하는 사람이라면 주위 사람을 불쾌하게 하는 휴대폰 사용에 눈살을 찌푸린 적이 있을 것이고, 세넷의 주장을 뒷받침하는 증거를 제시해줄 수도 있을 것이다. 뜻하지 않게 남의 연애 이야기나 질병에 관한 이야기를 듣게 되면 남의 이야기인데도 어쩔 수 없이 자신까지 부끄러운 느낌을 받게 된다. 가벼운 불쾌감에 대해서도 비슷한 이야기를 할 수 있을 것이다. 안셀름 그륀은 "오늘날에는 좌절감을 느낄 때 누구나 얼굴만 봐도 알아차릴 정도로 그 감정을 진하게 드리우고 다니는 것이 현대적인 일이 된 모양"이라고 꼬집었다. 감정을 보란 듯이 드러내기 시작하면 그 감정은 더욱 강렬해지는데, 이제는 그런 일도 그다지 흉하게 여겨지지 않는 모양이다. 그럴 때면 사람들이 걱정을 해주고 그것이 우리를 그 감정 속에 안주하게 만든다. 그륀은 "슬픔에 빠져 있을 때 우리는 자기를 동정하고 자신의 문제들 주위만 맴도는데 이는 사실상 아무 도움도 안 된다."고 썼다. 이런 식의 자기중심적 감정은 분노와 무기력함과 나태함과 밀접하게 연관되어 있다.

자신도 그 원인을 알 수 없는 언짢음은 좀 더 엄밀하게 검토해보는 것이 좋다. 사람들이 느끼는 괴로움 중에는 스스로 인정하지 못한 야망에 그 뿌리가 있는 것이 많기 때문이다. 그륀은 이렇게 썼다. "우울한 이유는 대부분 자기 자신과 환경에 대해 너무 높은 기대를 갖기 때문이다. 성공과 소유, 애정과 인정에 대한 욕망은 끝이 없다. 그런 과도한 소망들이 충족되지 않기 때문에 사람들은 앙심과 모욕감과 좌절감을 안고 우울 속으로 퇴각함으로써 억지로라도 사람들이 자신에게 관심을 갖도록 만드는 것이다."

**부정적 사고의 논리**

모든 어두운 기분에는 시작되는 지점이 있다. 무엇보다 그것은 좌절감으로 이어진 최초의 감정 자체가 아니라 그에 대한 우리의 강렬한 반응이다. "우울감 자체는 문제가 아니다. 그것은 삶의 자연스럽고 피할 수 없는 요소 중 하나다. 오히려 문제는 우리 자신에 대한 엄격하고 부정적인 인식이다." 옥스퍼드 대학의 임상심리학 교수인 마크 윌리엄스 등이 쓴 『우울증을 다스리는 마음챙김 명상』에 나오는 말이다. 우울증 국면에 빠진 사람들을 괴롭히는 것은 머릿속에서 자동적으로 떠올라 아무리 해도 몰아내지지 않는 자기비하적인 생각들이다. 이 경우에 실제로 일어난 사건들은 거의 아무런 역할도 하지 못한다. 중요한 것은 일상의 사실들을 우리가 어떻게 해석하는가이다. 자신이 한 경험들을 암울하게 해석하면 무엇보다 먼저 우울한 감정과 기분이 생겨나고 사람들은 계속 그 속에 갇혀 있게 된다. 사실들이 있어야 할 자리를 우리가 그에 대해 한 생각들이 대신 채우고 있는 것이다. 윌리엄스에 따르면 "우리는 늘 자기 나름으로 세계를 설명하며, 사실이 아니라 그 설명에 대하여 감정적인 반응을 한다."

이러한 잘못된 해석을 고칠 수 있는 방법은 여러 가지가 있다. 사고를 바로잡으려는 시도를 해볼 수 있겠고, 부정적인 생각에 골똘히 파고드는 습관 자체에 대한 대안을 찾아내볼 수도 있다. 아마도 후자가 더 효과적일 것 같다. 생각의 힘을 빌려 어둠에서 벗어나겠다고 발버둥을 치면 칠수록 그 생각의 늪에 더 깊이 빠져든다. 그러나 우리는 머리로만 이루어진 존재가 아니므로 몸이라는 또 다른 자원도 활용할 수 있다. 우울증은 인지적 성격의 질병이지만 몸의 지각이 그 어둠에 한줄기 빛을 비춰줄 수 있는 가능성도 있다. 윌리엄스는 "아주 작은 마음챙김으로라도 어느 한 찰나를 뚫고 들어갈 수 있다면, 만성적인 의기소침함으로 이어질 수도 있을 흐름의 고리를 끊을 수 있다."고 말한다. 우리는 스트레스 상황에 처하면 육체적 움직임이나 수면이나 본성을 포기하기 쉽기 때문에 그로 인해 상태가 더 악화되는 경우도 많다. 여기에 그것을 효과적으로 타파할 방법이 있다.

4.06>   **더 이상 살고 싶지 않을 때**

지금까지 이야기한 것은 삶과 일의 자연스러운 일부이며 누구나 경험하는 일시적으로 저조한 기분으로 진짜 우울증은 아니다. 우리가 일상에서 누군가가 우울해한다고 말할 때는 대부분 우울증으로 진단된 질병과는 별 관계가 없다. 그러나 우울증은 아주 만연해 있고 자살 성향을 높이기 때문에 생명에도 위협이 된다. 심리학자들은 고통스러울 정도의 의기소침함이 2주 이상 지속되거나 재차 반복되는 것을 우울증이라고 본다. 우울증은 식욕부진과 불면증, 끊임없는 자기비하와 고독감, 집중력 상실, 불안감, 성욕 상실 등 일련의 다른 괴로움들을 동반한다. 또한 평소에는 좋아하던 일들에서 더 이상 기쁨을 느끼지 못하며, 자신의 미래를 암담하게 전망한다.

　더 이상 살고 싶지 않다는 마음이 생긴다면 무조건 전문가의 도움을 받아야 한다. 우울증은 삶을 심각하게 제한하며, 일을 할 수 없게 되거나 심지어 죽음에 이르게 할 수도 있다. 그러나 오늘날에는 잘 치료할 수 있는 방법들이 있다. 그 병은 주위 사람들에게도 영향을 미치기 때문에 우울증을 앓는 사람과 교류하는 사람들도 쉽지 않은 시간을 보내게 된다. 이 경우에는 직관적 판단에 따라 도움을 주겠다고 하는 일들이 실수일 가능성도 크다. 예컨대 단순히 긍정적인 쪽으로 유도하는 것만으로는 우울증에 걸린 사람들의 기분을 밝게 만들 수 없으며, 동정하는 것도 전혀 도움이 되지 않는다. 환자와 가족들은 신속하게 전문가의 조언을 구해야 한다. 친구들에게 조언을 얻거나 책을 찾아 읽는 것만으로는 우울증에서 벗어날 수 없다.

# 5

⋮

## 창조성을
## 향상시키는
## 기술

**행복해지기**

사람은 행복을 추구한다. 이 점에서는 고대의 철학자들부터 달라이 라마에 이르기까지 현자들도 다를 바 없다. 심하지 않은 괴로움이라면 자극제가 될 수도 있지만, 행복한 마음으로 지내는 사람들이 문제를 더 잘 해결하며 아이디어가 더 많고 공간적 표상 능력도 뛰어나며, 한마디로 전체적으로 더 건강하고 더 창의적이다. 행복에 관한 과학적 연구 결과는 이렇게 요약할 수 있다. "창의성은 직업적 성공에 도움이 되며, 행복한 기분은 창의성을 북돋운다. (…) 또한 행복한 상태의 사람들은 특이한 연상도 더 자주 떠올린다." 심리학자 안톤 부허의 대표작인 『행복심리학Psychologie des Glücks』에 나오는 말이다. 광범위한 연구를 실시한 대니얼 골먼 연구팀은 기쁨과 책임감, 신뢰가 '창의성의 보편 언어'라는 결론을 내렸다.

행복은 인지적 유연성을 높이고 그럼으로써 창조력도 향상시킨다. 그렇다면 사람은 어떻게 해야 행복해지는 것일까? 삶의 예술 철학이 던지는 이 근본적인 질문은 실질적으로 탐구해볼 수 있다. 개인적 행복을 가로막는 것은 무엇보다도 과도하게 부정적 생각을 곱씹는 것이다. 더 이상 어찌해볼 수 없는 과거사나 아직 오지도 않은 미래에 대한 부정적인 생각들은 바로 지금 우리가 처해 있는 상황, 즉 현재에 만족하지 못하게 방해한다. 부정적 생각을 곱씹는 것은 집중력과 아울러 창의성까지 떨어뜨린다. 안톤 부허는 "행복한 사람들의 비밀은 행복에 대해서도 자기 자신에 대해서도 별로 생각하지 않는 것"이라고 썼다. 행복하지 않은 사람들은 자기 자신을 중심에 세워두고 그 주위를 맴돌며 행복을 붙잡으려고 쫓아다닌다.

아마도 행복 연구에서 나온 가장 중요한 결과는 이것이 아닐까. "가난한지 부유한지, 건강한지 아픈지, 잘생겼는지 못생겼는지, 결혼했는지 이혼했는지 등의 외적인 상황이 행복 수준을 결정하는 경우는 약 10퍼센트에 지나지 않는다." 이는 러시아 태생의 미국 심리학 교수인 소냐 류보머스키가 한 말이다. 류보머스키는 지난 20년 동안 무엇이 우리를 행복하게 만들 수 있는지를 연구해왔는데, 거기서 축적된 데이터는 모두 한 방향을 가리켰다. 그녀는 이를 "실제 삶의 환경보다는 우리가 자신과 세계에 대해 갖고 있는 생각이 우리의 행복과 불행에 더 큰 영향을 미친다."는 말로 요약했다. 이런 결과는 우리가 일반적으로 하는 생각과는 배치된다. 복권에 당첨되면 행복해지는 게 당연하지 않은가? 심각한 병에 걸리면 절망에 빠지지 않겠는가? 물론 그렇다. 그러나 그 연구들이 밝혀낸 바에 따르면, 행복한 상태는 아주 짧은 시간 만에 다시 원래의 수준으로 돌아가며, 긍정적인 사건이 일어나서 행복이 상승한 경우에는 원래보다 행복 수준이 더 낮아지는 경우가 많다. 사람은 습관의 동물이라서 꿈에 그리던 상대와 결혼하거나 물질적 꿈을 실현한 경우에도 곧바로 그것을 정상적인 상태로 여기게 된다. 동시에 기대는 더 높아지고 더 많이 가진 이들에 대한 시기심도 늘어간다.

한편 생활 조건이 달라지면 불행도 사라질 거라는 근본적인 착각도 널리 퍼져 있는 것 같다. 류보머스키는 행복해지려면 아주 진부하게 들릴지도 모를 오래된 지혜를 따라야 한다고 말한다. 다시 말해서 부정적인 생각을 곱씹지 말고, 낙관적 태도를 가지며, 대인 관계를 정성스럽게 유지하고, 다른 사람들과 자신을 비교하지 말며, 자신의 목표를 설정하고, 다른 사람들을 보살피라는 것이다. 류보머스키는 "감사는 행복에 이르는 왕도 같은 것"이라고 말하며 이를 직접 시험해보라고 권한다. 더 자주 감사하고, 자신에게 많은 것을 준 사람들에게 감사의 편지를 보내보면, 그 행동만으로도 얼마나 놀라운 효과가 생기는지 알게 된다는 것이다.

그런데 과학적 성향의 이 심리학자를 가장 놀라게 한 것은 불교의 명상 기법들에 명백하게 행복감을 높이는 효력이 있다는 점이었다. 어쨌든 결과는 아주 분명하게 말해주고 있었다. 안톤 부허는 그 결과를 이렇게 요약했다. '스트레스를 온전히 제거해주는 바람직한 생리적 효과들이 지속적으로 나타난다.'

- ◆ 산소 소비 향상, 신진대사 증진
- ◆ 코르티솔 수치 저하
- ◆ 혈압 강하
- ◆ 콜레스테롤 수치 저하
- ◆ 차분한 긴장 완화 상태를 보여주는 알파파와 세타파 증가

◆ 면역 체계 강화

◆ 신경전달물질의 변화, 특히 도파민과 세로토닌 증가

전체적으로 보면 육체적으로 측정 가능한 스트레스 수준
이 눈에 띄게 낮아진다는 것이다. 이렇게 육체적으로 유익한 작
용들이 영혼에도 긍정적인 효과를 발휘한다는 것은 이미 고대
그리스인들도 잘 알고 있었던 사실이다. 칼로카가티아善美라는
이상 뒤에는 건강한 신체에 건강한 정신이 깃든다는 가정이 깔
려 있다. 이러한 긍정적인 효과들은 매일 명상하는 습관을 들이
고 8주가 지나면 나타나기 시작한다. 명상은 우리의 육체와 영혼
과 정신의 능력들에 긍정적인 영향을 미치고 집중력을 향상시키
며 부정적 생각을 파고드는 습관도 버리게 해준다. 소냐 류보머
스키에 따르면 명상은 "지능이나 창의성, 인지적 유연성 등 바꿀
수 없다고 여겨지는 특성들에도 긍정적인 영향을" 미친다.

명상 수행의 기원인 불교문화에서는 요가를 통해 육체를
유연하게 만들듯이 정신도 명상을 통해 유연해질 수 있다는 전
제에서 출발한다. 어지러운 생각들과 고통이 사라지지는 않지만
그것들에 대해 거리를 둘 수 있고, 원치 않는 생각이나 불쾌한
감정들에 어쩔 수 없이 속수무책으로 휘말려들지 않게 되는 것
이다. 이 모든 것이 더해져 우리의 안녕과 행복에 커다란 영향을
미친다. 마음챙김 수행을 계속해나가면 우리의 주의는 일상으로
향하게 되고, 따라서 일의 영역에서든 여가의 영역에서든 평범

한 일들이 더 큰 의미를 갖게 된다. 우리가 현재 하고 있는 일에 대해 더 잘 집중할 수 있고, 그래서 그 일을 훨씬 더 잘, 더 유연하게, 더 만족스럽게 해낼 수 있다.

이와 유사하게 목적 없이 하는 또 다른 자연스러운 활동한 가지도 육체와 정신에 대해 과학적으로 증명된 긍정적인 영향을 미친다. 그것은 바로 단순한 걷기, 특히 자연 속을 걷는 것이다. 단 이때는 성과를 중시하는 스포츠나 노르딕 워킹이나 등산을 하려는 의도여서는 안 된다. 알로이스 쉐프는 『걸어서 행복으로Glücklich durch Gehen』라는 에세이에서 이렇게 썼다. "걷기는 명상이다. 나는 걸음으로써 내 존재의 상태를 변화시켜 다른 사람이 된다. 사람이 걷는 것은 어떤 구체적인 목표에 도달하기 위해서가 아니라 자신을 개조하고, 개조된 존재로서 다른 삶, 더 나은 삶, 더 건강하고 더 행복하고 더 아름다운 삶을 살기 위해서이다. 더 나음, 더 건강함, 더 행복함이 무엇으로 이루어지는지는 개조의 과정 자체를 통해서 알게 될 뿐 직접 경험하기 전에는 알 수 없다. 그러므로 그 상태 자체도 목적이 될 수는 없다."

걷기, 특히 산행은 자연의 무한한 아름다움과 고요함을 마주하게 하며, 이 만남은 분명히 우리에게 유익하게 작용한다. 산과 계곡, 호수 앞에 서면 골치 아프던 이런저런 문제들도 아주 사소해 보인다. 산행은 육체적 부담도 그리 크지 않으며, 수영과 자전거 타기와 더불어 가장 건강에 좋은 활동 중 하나이기도 하다. 서로 다른 술들이 서로 다른 취기의 효과를 내듯이 신체 단련도 각 방법들마다 피곤함의 성격이 다르다. 걷기는 태고의 방식으로 온몸의 움직임을 요구하고 아주 기분 좋은 피곤함을 안겨준다. 알프스에서는 고도 1천 미터 이상에서 마주치는 사람들끼리 서로 '너du'라고 부르는 오래된 규칙이 있다. 거기서 사람들은 여기와는 '다른 어딘가'에 있는 것이다.

행복에 관한 과학적 연구는 철학자들과 종교 지도자들이 오랜 옛날부터 해왔던 주장들이 사실임을 증명해냈다. 심리학자 크리스토퍼 피터슨과 마틴 셀리그만이 말한 것처럼 "지혜와 지식, 용기, 사랑, 인간애, 올바름, 절제, 영성과 초월"을 중시하는 고결한 삶은 행복을 불러오기 좋은 조건이다. 그리고 오랜 옛날부터 사람들이 알고 있던 행복을 방해하는 또 하나의 주범은 바로 분노이다.

<hr>

5.02> **내면의 정원 가꾸기**

작업 의뢰자와 동료, 상사, 옆 좌석에 앉은 사람, 행인, 동반자, 자녀, 말하자면 인류 전체. 그리고 날씨와 축구 혹은 컴퓨터까지도 우리를 분노에 빠뜨릴 수 있다. 사실 이에 대해서는 그 무엇을 꼭 집어서 비난할 수 없는 것이 너무나도 일상적으로 일어나는 현상이기 때문이다. 하지만 이런 느슨한 생각이 잘못일 수도 있다. 터무니없이 과도한 분노는 주위로 전염되어 다른 사람들까지 화나게 만든다. 분노는 인지를 왜곡하여 우리가 세계와의 접촉을 잃게 만들며 우리가 보고자 하는 것만 보게 한다. 이미 4세기에 사막 교부들 중 한 사람인 에바그리오스 폰티코스는 "분노는 인식을 흩트리고 느긋한 마음은 인식을 가다듬는다."라고 썼다.

화를 돋우는 외적인 원인을 찾으려 들면 끝도 없다. 아침에 일어나자마자 시작되기도 한다. 우유는 떨어졌고, 유치원에 데려다줘야 하는 아이는 윗도리를 입지 않겠다고 고집을 피우고, 출근길에서는 전차가 타기도 전에 떠나버린다. 상사는 지각했다고 잔소리를 하고, 컴퓨터는 이유를 알 수 없는 오류 메시지를 띄운다. 전화기가 울려서 받아보면 의뢰자는 슈퍼 영웅도 해내지 못할 요구들을 늘어놓는다. 점심 식사는 맛도 없는 주제에 비싸기만 하다. 퇴근해서 집에 와보면 아이는 아직도 반항 중이고, 개와 고양이까지 미친 듯이 소란을 피우고 있다. 친한 음악가는 돈이 없으니 공짜로 자신의 새 CD 커버를 디자인해줄 수 없겠느냐고 무리한 부탁을 하면서 청첩장까지 내민다. 부모님도 전화를 걸어 불평을 늘어놓는다. 부부간의 관계와 성생활도 정열과 요구와 기대와 자유 사이를 오락가락하는 통에 짜증과 마음의 상처는 수시로 집안을 가득 채운다. 우리가 어디서 어떻게 행동하든, 우리 머릿속의 완벽주의자는 엄혹한 판결을 내린다. 이 끝도 없이 일상적으로 일어나는 분노를 막으려면 어떻게 해야 하는 것일까?

심리학이 분노에 대한 견해를 바꾸고, 파괴적인 감정들을 비판적으로 고찰하게 된 것은 불교 덕분이다. 불교문화권에서는 서구에 비해 부정적 감정을 표현하는 것을 훨씬 더 자제한다. 공개적으로 격한 분노를 드러내는 것은 성격상의 결함으로 간주된다. 물론 하루 종일 이유 없이 히죽거리며 다니라는 것은 아니다. 반대로 사무실에서든 전철이나 우체국에서든 공개적으로 분노를 터뜨리는 서구의 경우를 보면 문화적으로 통제 불능인 상태처럼 보인다. 이러한 분노는 도대체 어디서 오는 것일까? 틱낫한 선사는 분노에 관한 저서에서 얼핏 보기에 기묘해 보이는 견해로 말문을 연다. 우리가 주변 환경으로부터 분노를 받아들인다는 주장이다.

화와 분노, 좌절과 절망은 우리의 몸과 우리가 섭취하는 음식과 깊은 관계가 있다. 분노와 폭력으로부터 자신을 보호할 수 있는 방향으로 먹고 마시고 소비하는 전략을 개발해야 한다. 먹고 마시는 것은 그 문명을 보여주는 한 징후이다. 어떻게 식량을 경작하는지, 어떤 식품을 먹는지, 어떤 방식으로 그 식품을 섭취하는지가 문명의 핵심이다. 이와 관련하여 우리가 어떤 선택을 하는가에 따라 평화를 불러올 수도 있고 고통을 완화시킬 수도 있다. 우리가 무엇을 먹는가는 우리의 분노와 관련하여서도 매우 중요하다. 우리가 먹는 음식에 이미 분노가 담겨 있는 경우가 많기 때문이다.

실제로 모든 것이 서로 연결되어 있다면, 예컨대 대규모 공장식 축산 농장이 부정적인 결과를 낳으리라는 생각은 설득력이 있다. 사실 우리는 도축을 할 때 애써 창도 없고 방음 시설이 된 교외의 도축 공장에서 눈을 피해서 한다. 그러지 않는다면 누가 그 고기들을 먹으려 하겠는가? 물론 그런다고 해서 부정적인 결과들이 제거되는 것은 아니다. 우리는 음식을 먹음으로써 그 동물들의 원천과 고통들까지 함께 섭취하는 것이다. 우리가 그 동물들의 분노를 우리 자신 안으로는 받아들이지 않겠다고 결정할 수도 있다. 그것은 각자의 선택에 맡겨진 일이며, 대단히 파괴적인 연결 고리를 끊어버릴 수 있는 매우 간단한 방법이기도 하다. 우리가 무엇을 먹는지가 자연과 우리 사이의 가장 중요한 교환 과정을 결정하며, 우리는 자연을 생명의 에너지로 바꿔 쓰는 것이다.

세계가 우리 머릿속 관념과 기대에 어긋날 때 우리는 화가 난다. 다른 사람들이 우리가 써둔 시나리오대로 행동하지 않는다는 것도 우리는 누차 확인하게 된다. 사실은 우리 자신조차 언제나 우리가 뜻한 바대로 행동하지는 않는다. 우리는 오늘 하루가 어떻게 흘러갈지 안다고 확신하지만, 그 확신 속에 이미 실망의 씨앗이 들어 있기 십상이다. 우리가 어떤 생각을 하든 세계의 입장에서는 전혀 상관없다는 것을 우리는 알고 있지만, 그럼에도 아집을 놓지 못하고 분노에 빠져들고 만다. 틱낫한 선사에 따르면 "화가 나고 분노가 차오르는 순간에 우리는 그 불편한 심기의 원인을 다른 사람에게서 찾으려는 경향이 있다. 그리고 자신이 고통스러운 것을 그 사람 탓으로 돌려버린다." 그러나 실제로 그 사람이 원인인 경우는 드물며, 책임 전가는 우리 머리가 즐겨하는 게임일 뿐이다. 붓다는 분노를 이글거리는 숯덩이를 손에 쥐고서 다른 누군가에게 던지려고 하는 상황에 비유했다. 그럴 때 제일 먼저 화상을 입는 것은 자신의 손이다.

행복도 그렇지만 고통도 사회적 성격이 강해서 다른 사람들에게로 전염된다. 따라서 먼저 자신의 고통을 보살펴서 주변으로 퍼져나가지 않도록 하는 것이 분노한 사람이 해야 할 일이다. 게다가 자신의 분노 뒤에 어떤 고통이 숨어 있는지 스스로 인식할 때에만 그 분노를 제어할 수 있다. 열차가 제시간에 도착하지 않는다고 해서 격분한다면, 그때 문제는 철도 자체가 아니다. 승강장에는 똑같은 일을 겪고 있는 다른 사람들도 많지만 모두가 다 그렇게 분노하지는 않는다. 같은 사람이 비슷한 상황을 겪더라도 때에 따라 더 심하게 화를 낼 때도 있고 별로 화내지 않을 때도 있다.

틱낫한 선사는 자기 내면의 삶을 돌보고 무엇이 자신을 화나게 하는지 알아차리는 것을 정원 가꾸기에 비유한다. "우리는 모두 하나의 정원이며, 모든 수행자는 자신의 정원에 자주 들러 돌보아야 한다. 어쩌면 당신은 오랜 시간 자기 정원을 돌보지 않았을지도 모른다. 당신은 자신의 정원에서 어떤 일이 벌어지고 있는지 정확히 알아야 하고, 가능한 모든 것을 정상적인 상태로 돌려놓아야 한다. 당신의 정원에 아름다움과 조화를 회복시키는 것은 당신이 해야 할 일이다. 자신의 정원을 잘 돌보아야만 그 정원에서 기쁨을 느낄 수 있다." 그러나 그것이 끝은 아니다. 분노가 줄어드는 것은 행복이 더 커지는 것을 의미하고, 더 큰 행복은 성장과 창조성이 쑥쑥 자라날 기름진 땅이기 때문이다.

―――――――――― 5.03> **포용하라, 놓아라, 멈춰라, 행동하라!**

　　　　　　　창조적인 일을 하는 사람은 작은 의미에서 창조자이다. 이는 결코 신성모독적인 말이 아니다. 사회학자 울리히 브뢰클링에 따르면 "창조성은 (…) 당신의 종교적 뿌리에서 이탈하지 않는다. (…) 그것은 끝까지 설명할 수 없는 도약으로, 신학적으로 말하자면 하나의 기적으로 남는다." 뇌 연구와 인지심리학에도 불구하고 지금까지 어떤 과학자도 창조의 과정을 해독하지 못했다. 창조성은 그 비밀을 알려주지 않지만, 그렇다고 해서 우리가 창조성을 의심해야 하는 것은 아니다. 그것은 보다 큰 현실과 관련된 무엇을 다루는 일처럼 여겨진다. 몰입의 상태에서 경험하는 것처럼 '무언가'에 완전히 빠져드는 일은, 그때 우리가 하나가 되는 대상이 누구 또는 무엇이냐는 의문을 갖게 한다. 일반적으로 우리는 그에 대해 더 깊이 생각하지는 않지만, '하나가 되는 것'은 모든 종교적 신비설의 기본 개념이다. 우

자신의 정원에서
어떤 일이 벌어지고
있는지 정확히 알아야
하고, 가능한 모든
것을 정상적인 상태로
돌려놓아야 한다. 당신의
정원에 아름다움과 조화를
회복시키는 것은 당신이
해야 할 일이다.

리가 하나로 조화를 이루는 것이 세계인지 신인지, 혹은 우리 자신이나 우리 자신의 행동인지 묻는 것은 이름 붙이기의 문제에 지나지 않는다. 우리가 창조할 수 있는 것이 어떤 것인지, 그리고 항상 창조적으로 일한다는 것이 얼마나 어려운지 우리는 분명하게 알고 있다.

울리히 브뢰클링은 "큰 바람을 일으키고자 한다면 일단 공기부터 들이마셔야 한다."라고 표현했다. 바로 그 공기를 들이마시는 것이 영성이라는 주제이다. 영성이라는 단어는 많은 사람들에게 거북한 느낌을 주는데, 이는 그들이 편협한 종교를 접했던 불쾌한 경험을 갖고 있기 때문이다. 기독교 교회에 대한 다분히 정당한 비판은 대부분 그 독단성과 조직 구조의 측면을 향한다. 어쨌든 영성은 각 개인의 종교 경험과 관련된 것이며, 그 경험은 권위적인 교회 제도 바깥에서 이루어지는 경우가 점점 더 많아지고 있다. 전체적으로 보면 수도원과 수도회는 대체로 기존 교회에 반기를 들고 더욱 근본적인 것에 집중하기 위한 영적인 수행의 장소로, 창조적 노동의 장소로서 설립된 것이라고 할 수 있다. 심리학 교수인 하랄트 발라흐는 영성에 관한 저작으로 정평이 나 있는 『영성: 우리가 계몽주의를 이어가야 하는 이유 Spiritualität: Warum wir die Aufklärung weiterführen müssen』에서 이렇게 썼다. "중세에 중요한 예술가와 연구자는 사실상 모두 성직자나 수도회에 소속된 수사들이었다." 달라이 라마는 『달라이 라마 나는 미소를 전합니다』에서 사람은 종교가 없어도 선한 삶을 살 수 있지만, 영성 없이는 그럴 수 없다고 말했다. "종교라는 말에는 나름의 형이상학뿐 아니라 교리와 제의, 기도를 기반으로 하는 하나의 신앙 체계가 내포되어 있다. 반면 영성이라는 개념에서는 사랑, 연민, 끈기, 관용, 용서, 책임감 같은 인간의 자질들을 계발하는 것이 더욱 중시된다. 자신과 타인의 행복에 원천이 되는 이러한 내적 가치들은 어떤 종교에도 종속되지 않는다." 교회와 그 독단적인 교조, 그리고 오늘날의 관점에서는 더욱 이해하기 어려운 의식과 제의를 문제시하는 사람들이 점점 더 많아지고 있지만, 영성에 대한 욕구는 더욱 증가하고 있다.

개신교 신학자이자 종교학자이며 요가와 선 스승이기도 한 미하엘 폰 브뤼크 교수는 영성이라는 단어를 "자신의 의식을 자각적으로 다루는 일, 즉 삶의 전반에서 지각을 단련하고 주의력을 키우는 것"으로 이해한다. "영성이 발달하면 세계와 인생과 인간의 역할을 새롭게 해석하게 된다." 영성은 명상 수행이라는 종교의 경계를 초월한 수련 프로그램을 제공하는데, 이 수행법은 자기 자신을 탐구하고 다르게 생각하고 더욱 집중하여 일할 수 있게 도와준다. 자신이 세계를 어떻게 인지하는지를 깊이 관찰하기 시작한 사람은 자연히 외부 세계에 대한 불평이 줄어든다. 분노가 줄어들면 거기서 풀려난 에너지가 자신의 삶과 일을 만들어가는 데 쓸 수 있는 새로운 에너지로 전환된다. 이러한 내적 자유를 경험하는 것, 다시 말해서 "우리 자신이 어떤 면에서는 우리 내면세계의 창조자이며, 더불어 그 형태를 만들어갈 가능성 역시 우리에게 있음을 경험하는 것"이 바로 영적인 수행의 목적이다. 하랄트 발라흐에 따르면 명상 수행을 하면 "우리의 개인적 삶과 관련된 중요한 통찰들과 우리가 오래전부터 추구해 왔던 중요한 생각들, 의미 있는 깨달음들이 갑작스레 모습을 드러낸다. 우리는 이를 행복한 우연이자 사건으로, 창조적 순간들로, 또는 단순하게 창조적 자유의 순간들로 경험한다."

그러한 길을 가려면 무언가를 맹목적으로 믿어서는 안 된다. 오랫동안 승려로 살았던 스코틀랜드인 스티븐 배철러는 긴 변화의 과정을 거친 뒤 오늘날에는 자신을 '불교무신론자'로 규정한다. 그는 현재에 적합한 영적인 추구는 더 이상 고전적인 종교 공동체의 전통에 얽매이지 않는다고 본다. 붓다가 설파한 사성제에서 배철러는 종교의 교리가 아닌 어떤 행동에 대한 권고를 읽어낸다. 그는 그것을 "삶의 모든 상황에 적용할 수 있는" 공식으로 해석한다. '포용하라. 놓아버려라. 멈춰라. 행동하라!' 이 항목들은 노동의 예술에도 적용할 수 있다. 이를테면 의뢰자가 바람직한 사람이든 달갑지 않은 사람이든 상관없이 일단 일을 맡았다면 그 역시 진심으로 받아들여야 하는 것이다. 그런 다음에는 그 과제를 다시 놓아버림으로써 아이디어들이 방해받지 않고 무의식중에 여물 수 있게 해야 한다. 그럴 때에만 좋은 아이디어가 떠오를 수 있다. 멈춤—즉 준비와 집중, 내적인 휴식—은 습관적으로 따라가는 맹목적 과정으로부터 우리를 지켜준다. 마지막으로 우리는 아이디어를 구현하는 일을 실

행한다. 이 네 단계는 우리의 행동을 좌지우지하는 자동조종장
치라고 할 수 있는 일차적이고 반사적인 충동을 따라가지 않도
록 저지해준다.

───────── 5.04>　　**선禪의 미학**

　　　　　　　　미국인 버나드 글래스먼은 사회활동가
이자 종교를 초월한 평화운동 단체의 창립자이자 선 스승으로
유명해진 인물이다. 그는 그레이스턴 재단을 설립하여 노숙자
와 수감자를 위한 일을 비롯하여 여러 활동을 이끌고 있다. 그
들의 빈민 급식소에서는 이례적으로 음식을 접시 위에 예쁘게
차려서 내놓는데, 이에 대해 일반적인 복지 활동가들은 대개 고
개를 절레절레 내젓는다. 그러나 사람은 먹을 것만으로는 살 수
없고, 미학적인 기본 욕구가 있다는 것이 글래스먼의 지론이다.
그는 『선, 삶의 요리법』에서 "아름다운 환경은 사람들에게 영감
을 불어넣어 그들이 자신의 인생을 전체적으로 만들어나가고,
세계와 인류가 얼마나 소중한지를 더욱 강렬하게 인지하도록
자극한다. 예술과 자연의 아름다움은 우리에게 내적인 조화를,
그리고 개개의 사람들의 존재에서 드러나는 장려함을 떠올리게
한다."고 말했다. 그러한 방식은 대단히 효과적이며, 질서와 아
름다움은 광범위한 심리적 영향력을 발휘한다. 누구나 깨끗이
정리한 책상에서 일을 시작할 때 느껴지는 개운함을 잘 알 것이

며, 그 외적인 질서는 다시 내면으로 반영된다. 글래스먼이 외양에 대해 이러한 인식을 갖게 된 것은 선불교, 그리고 그와 연관된 창조와 디자인의 관점에서 영감을 받았기 때문이다.

선 예술가들은 이미 아주 초기부터 디자인 자체의 내적 일관성만이 아니라 관찰자의 내면에서 일어나는 생각들을 중시해왔다. 오카쿠라 가쿠조는 일본의 미학에 관한 표준 저작이라고 할 수 있는 『차의 책』에서 "형태의 통일성은 신성한 상상력에 해로운 것"이라고 썼다. 대칭 역시 실제 세계에는 존재하지 않는 완벽함이나 질서를 암시하기 때문에 의식적으로 피한다. 레니 리펜슈탈의 선전 영화들에서 대칭적 형태가 어떻게 사용되었는지 생각해보면, 그 속에 잠재된 힘이 어떤 종류의 것인지 이해할 것이다. 그러므로 선의 미학은 우리 눈에 미완성으로 보이는 것, 긍정적으로 표현하자면 열려 있는 것을 선호한다. 이러한 디자인 방침을 따른 무언가를 보거나 사용할 때는 우리가 해야 할 무언가가 남아 있다. 오카쿠라는 "완성되지 않은 것을 머릿속에서 완성하는 사람만이 진정한 미를 발견할 수 있다."라고 썼다.

커뮤니케이션 디자이너들은 도전적이면서도 사실적인 분위기를 낼 수 있는 넓고 하얀 공간을 좋아한다. 이와 관련하여 선 예술은 그 자체의 독자적인 가르침을 발전시켰다. 그것은 실제로 보이는 대상들보다 '사이 공간들의 구성'을 중시한다. 이에 대해 일본의 미학은 사이를 뜻하는 마‡(間)와 없음을 뜻하는 무む(無)라는 두 가지 개념을 갖고 있다. 예술사학자 클라우디아 델

랑크에 따르면 선에는 "불완전하고 완성되지 않은 사물들, 가변적이고 단순하지만 자발적이고 계산되지 않으며 비전통적인 신선함을 지닌 사물들의 아름다움이 있다." 그림들은 대개 거의 흰색이며, 귀퉁이에서만 풍경 한 장면이나 산이나 나무 하나를 볼 수 있다. 그림의 한가운데는 하얗게 비어 있다. 관찰자의 시선은 이 비어 있는 중심으로 향하며, 선에서는 이 여백을 만물의 본질을 완성하는 것이자 무한한 잠재력으로 여긴다. 그림의 중심은 무엇이 결여되었거나 형상화되지 않은 것이 아니라 관찰자에게 스스로 능동적이 되기를 촉구한다.

선의 예술론은 와비사비わび·さび(侘·寂)의 철학으로 잘 묘사된다. 그러나 그와 연관된 미의 개념들은 단순한 미학에 그치는 것이 아니라 삶이라는 예술과 일이라는 예술의 한 형태이기도 하다. 하랄트 브린커는 선 회화에 관한 책에서 선 미학의 기본 원리와 관련하여 "비대칭을 선호하며, 그림과 창작물들은 단순한 수수함을 지니고 있다."고 서술했다. 그것들은 자연스럽고 당연한 것처럼 보이기를 원한다. 침묵과 내적인 고요함, 평정이 단순한 것의 심원한 깊이를 만들어낸다. 레너드 코렌은 이런 원칙들로부터 불필요한 모든 것에서 스스로 자유로워지고 본원적인 것에 집중하라는 도덕적 요구가 나온다고 보았다. 와비사비 미학의 대상들은 흔히 불규칙적인 것과 소박한 것이며, 자연스럽게 낡아가고 닳음으로써 더 아름다워지는 힘을 지니고 있다.

책상 위에 오래 써서 닳고 닳은 연필 한 자루가 놓여 있다면, 와비사비 미학의 관점에서 그 연필은 최고급 만년필보다 훨씬 더 가치 있고 아름다운 물건이다. 서구 문화권에도 와비사비 미학의 몇 가지 원리들을 구현한 물건들이 많이 있다. 그것은 단순히 다 썼다고 해서 버릴 수 있는 물건들이 아니다. 직직거리는 잡음에서 복사본임이 분명히 드러나는 (게다가 그것을 숨기지도 않는) 오래된 레코드판, 오래되어 익숙해진 데다가 낡을수록 멋이 깊어지고 구두장이에게 맡겨 언제라도 고쳐 쓸 수 있는 가죽 가방이나 구두, 오래 써서 낡은 목재 가구, 하도 읽어서 닳은 고급 장정의 책, 예쁜 성냥갑, 밀랍으로 만든 양초…. 이런 물건들의 특징은 단순함을 지향하는 태도, 그리고 수시로 바뀌는 유행과 소비에 대해 거리를 두는 태도와 연결된다. 평범한 물건들에서 이런 점을 알아차릴 수 있으려면 주의 깊은 안목이 필요하다. 선의 우주에는 눈에 띄는 화려함 같은 것은 없다. 그 물건들은 우리에게 덧없음을 일깨워주고, 이는 다시 우리를 침착하고 맑은 정신으로 이끌어준다. 주의 깊음은 명상을 통해 훈련할 수 있다. 더불어 예술적 감수성과 집중력이라는, 창조성에서 핵심적인 두 가지 측면도 단련할 수 있다.

<hr />

5.05> **한 번뿐인 경험을 표현하라**

"선 예술의 가장 흥미로운 측면은 (…) 단순히 예술 작품을 만드는 것만이 아니라 창조의 과정을 자극하는 방법론이 되고자 한다는 것이다. 선 예술이 사용하는 수단은 정신을 교육하고 삶을 살아가기 위한 것이다." 사진가이자 저술가이며 선 스승이기도 한 존 다이도 루리가 한 말이다. 선이 일반적으로 그러하듯이 선 예술론도 명확히 구획된 삶의 경계선들을 지워버린다. 여기에 문화가 존재하고 저기에 자연이 존재하는 것이 아니다. 사무실에는 일이 있고 집에는 삶이 있는 것도 아니며, 예술과 디자인이, 디자인과 수공예가 분리되는 것도, 독립적 개인으로서 우리 자신과 다른 사람들 사이에 경계가 있는 것도 아니다. 알베르트 아인슈타인도 사람들을 서로 구분하는 것은 착시 현상과 다를 바 없다고 말했다. 이런 관점에서 보면 우리를 괴롭히던 많은 의문들이 그 의미를 잃어버린다. 루리는 "창조성이 어디에서 오는지는 중요하지 않다. 중요한 것은 이미 그것이 우리 개개인 안에 존재하며, 우리가 표현해주기만을 기다리고 있다는 점"이라고 썼다.

선에서는 끝없이 '왜'라는 질문을 던지는 황망한 탐색 대신 언제나 구체적인 행동을 중시한다. 창조성과 관련해서도 마찬가지다. 우리 자신의 창작 가능성을 실현하려면 무엇보다 먼저 자신의 경험과 삶을 소중히 여길 줄 알아야 한다. 창작자가 표현하는 것은 자기 자신이다. 우리가 하는 모든 일이 우리 자서전의 한 조각인 것이다. 루리에 따르면 그러한 창작은 "삶의 한 번뿐인 경험을 표현한다. 바로 거기에 모든 창조 행위의 본질이 있다. 우리가 하는 예술은 이전에는 한 번도 존재한 적 없는 무엇을 밖으로 이끌어내는 일이다. 그렇게 우리는 우주를 확장한다." 창조성은 내면의 무언가를 외부로 이끌어내 세상에다 무언가를 더해놓는다. 그 과정에서 우리는 우리를 둘러싼 환경의 형태를 빚어나간다. 침묵할 수 있는 능력이 우리 내면의 귀를 열어주지만, 그 귀는 우리가 하고 싶은 일이 무엇인지, 그것을 어떻게 하고 싶은지를 분명히 인식했을 때에야 비로소 열린다.

그러나 고요함은 자동적으로 찾아오는 것이 아니다. 훈련하지 않으면 우리는 자신의 생각이 야기하는 산만함에 이끌려가고, 외적인 영향들에 당구공처럼 이리저리 굴러다닌다. 좌선은 우리를 고요함과 명징함으로 이끌어주는 가장 핵심적인 길이며, 일러스트레이터이자 음악가인 코르넬리우스 포겔의 표현을 빌리면 "행동으로 이르는 길을 단축해주는" 아주 까다로운 훈련이다. 침묵할 수 있는 사람은 훨씬 더 자각적으로 말하며, 놓아버릴 수 있고 아무것도 하지 않을 수 있는 사람은 훨씬 더 자각적으로 행동한다. 창의적으로 일하기 위해 우리가 가장 중점을 두어야 할 일은 삶의 환경을 바꾸는 것이 아니라 우리가 매일 직면하는 것들을 더욱 자각적으로 알아차리는 것이다. 루리는 이렇게 썼다. "우리는 먹으면서도 아무 맛을 느끼지 못하고, 들으면서도 아무것도 이해하지 못한다. 자신의 머릿속에서 길을 잃고 삶을 탕진한다."

창조적인 일상에서도 다르지 않다. 작업실에 들어가 몸에 밴 습관들을 그저 반복할 뿐이다. 이런 일은 우리의 의식을 마비시키고, 현실과의 접촉을 잃게 한다. 우리가 현실을 잘 알고 있다고 착각하기 때문이다. 똑같은 출근길, 똑같은 동료, 똑같은 의뢰자들도 엄밀하게 들여다보면 언제나 달라져 있다. 우리 자신조차도 똑같은 상태를 유지하지 않는다. 일기를 쓰는 사람이라면 오래된 일기장을 뒤적일 때의 경험을 알 것이다. "내가 정말 이런 생각을 했었나?", "그때도 내가 벌써 그 일에 대해 분노하고 있었다니!" 사람은 이름을 바꿔야 하는 게 아닐까 싶을 만큼 확 달라질 수도 있다. 수도원에 들어가거나 어떤 예술적 결사에 들어갈 때도 통상적으로 이름을 바꾸거나 새로운 예명을 짓지 않던가.

우리는 모든 것을 마치 처음 보듯이 마주할 수 있는 능력을 계발할 수 있다. 그것들은 이미 변했고 달라져 있다. 실제로도 다르다. 모든 것은 변화하므로 단 하루도 같을 수는 없다. 물론 우리에게는 대체로 똑같아 보인다. 그래서 너무 큰 기대를 갖거나 앞으로 어떻게 될지 다 안다고 확신하면, 우리는 실제로 일어나는 일들과 단절될 수밖에 없다. 계속해서 변화하는 세계에 대해 경직된 사고의 틀을 적용하려 하면 도저히 자유로울 수가 없는 것이다. 그런 세계에서 활발한 창작 활동을 이어가려면 자신이 대단히 중요한 존재라는 생각은 금물이며, 우리가 하는 일을 앞에 두고 우리 자신은 그 뒤로 물러나 있어야 한다. 스스로 뒤로 물러날 때에만 창조성이 제 모습을 드러낼 수 있다. 그러려면 먼저 큰 자기 확신이 필요하다. 루리는 이렇게 썼다. "우리가 자신을 신뢰할 수 있게 되면, 더 이상 자신의 예술로써 무언가를 증명해야 한다고 느끼지 않는다. 그러면 우리는 우리의 예술이 그저 생겨나도록, 그리하여 있는 그대로 존재하도록 놓아둘 수 있다. 그런 경지에 도달하면 예술은 힘들이지 않아도 되는 편안한 일이 된다."

여전히 잔뜩 부풀린 자아를 전면에 내세워야만 하고 항상 자신을 주인공으로 연출해야만 하는 불안정한 창작자가 디자인에 중요한 기여를 하는 경우는 흔치 않다. 그들은 에리히 프롬의 표현대로 자신의 '마케팅용 캐릭터'만을 보여줄 뿐이다. 자신은 잊고 일에 몰입하려면 규칙들은 모두 잊어버릴 줄 알아야 한다. 이때 핵심적인 것이 즉흥성이라는 능력인데, 이를 자의적이거나 맹목적인 행동과 혼동해서는 안 된다. 또한 선적인 창작 방식에서는 형식과 수작업이 결정적인 역할을 한다. 루리에 따르면 "단순함의 순수한 정신이 완전하게 표현되면 그것이 바로 행동의 자유이다. 어떤 특정한 형식 안에 들어가 있을 때에만 비로소 우리는 그 형식으로부터 자유롭다." 선 도장에 가면 접하게 되는, 인사하는 법부터 모든 동작까지 엄격하게 규정해둔 형식은 얼마 지나지 않아 반복적인 일상이 된다. 그리고 이러한 외적인 틀은 우리가 명상에서 접하게 되는 내면의 직관적인 요소에 안정감을 주는 효과가 있다. 이는 창작 과정의 수공적 요소에도 비슷하게 적용된다. 일단 수공의 측면에 통달하게 되면, 그때까지 확립되어 있던 경계들을 넘어설 수 있는 창작의 공간이 저절로 열리는 것이다.

**연습이 곧 예술이다**

창조성은 한편으로 '신성한 불꽃'에, 즉 설명할 수 없이 떠오르는 참신한 아이디어, 다시 말해서 영감에 의존한다. 그 비밀이 스스로 모습을 드러내게 하는 조건은 집중력과 내적인 고요함이다. 그러나 다른 한편으로 그 아이디어를 실행하고 구현하는 데에는 수공 능력이 필요하다. 이 능력을 얻을 수 있는 길은 단 하나다. 바로 수년에 걸친 끊임없는 연습인데, 대개 처음에는 스승의 지도를 받아야 한다. 오늘날 그러한 교육과정에서 무엇보다 신경 쓰는 것은 충분한 자유를 보장함으로써 참신한 아이디어가 나올 수 있게 하는 것이다. 그러나 지난 100년 동안 창조의 수공적 측면은 점점 더 인기가 없어진 듯하다. 여기에서 예외는, 어떤 수준의 무리 안에서 활동하든 매일 연습하지 않으면 일정한 수준의 실력을 유지할 수 없는 클래식과 재즈의 일부뿐이다.

오늘날의 디자이너들은 대체로 그와는 다르게 생각하는 것 같다. 적어도 한동안은 그렇다. 그러다가 예컨대 캘리그래피 강좌에만 가보아도 그들은 자신이 글씨를 다루는 솜씨가 얼마나 어설픈지 충분히 깨닫는다. 또한 창조성과 관련하여 영감은 손재주와는 무관하다는 착각도 널리 퍼져 있다. 이에 대해서는 손재주가 부족해서 구현할 수 없다면 아이디어로서도 가치 없는 것이라고 말할 수 있다. 실제로 만들어진 것과 머릿속 공상으로만 남아 있는 것을 나누는 것은 바로 손으로 구현하는 솜씨이다.

예술은 솜씨에서 나온다.

게다가 수작업은 아이디어 생성에도 영향을 미치기 때문에 수작업이 아예 사라지는 것은 지적인 면에서도 해로운 일이다. 사회학자 리처드 세넷에 따르면 손과 머리가 분리된 것은 근본적으로 머리에 불리한 일이다. 다니자키 준이치로는 『대가의 솜씨를 찬미하다Lob der Meisterschaft』라는 에세이에서 이렇게 썼다. "물론 머리는 두말할 것 없이 중요하지만, 무엇보다 중요한 것은 (…) 실력, 대가의 통달한 솜씨이다. 결정적인 요소는 사람이 머리로써 이해하는 것이 아니라 손재주를 통해 사물의 안으로 들어가는 것이다." 대가의 솜씨는 최종 생산물과 상관없이 높은 가치를 지닌 것으로서, 준이치로는 그것을 "예술의 실행에 대한 관심"이라고 표현했다. 대가다운 실력을 지닌 사람은 수작업을 수행하는 일 자체에서 기쁨을 느끼며, 그 작업은 단순한 노동이 아니라 서서히 축적되어 가는 근원적인 삶의 방식 중 하나이다.

여러 예에서 알 수 있듯이 창조성이 갑자기 솟아났다가 다시 말라버리는 경우도 많다. 그러나 수작업의 솜씨는 일 분 일 분 연습할수록 늘어가며 그렇기 때문에 시간이 필요하다. 준이치로는 연습을 통해 대가의 실력에 이르는 길을 녹청이 끼면 더욱 아름다워지는 골동품에 끊임없이 윤을 내는 일에 비유했다. 도달해야 할 목표 같은 것은 염두에 두지 않은 채 능력들을 헌신적으로 추구하고 연습하는 것이다. 대가다움이라는 것은 결코

창조성은 한편으로
신성한 불꽃에(영감)에
의존한다. 그 비밀이
스스로 모습을 드러내게
하는 조건은 집중력과
내적인 고요함이다.

도달하거나 완성할 수 있는 것이 아니다. 대가란 자신을 언제나 초보자로 간주하며, 자기 직업의 전통을 소중히 여긴다.

이런 실행에는 창조성과 관련된 맥락이 하나 얽혀 있다. 단조롭게 연습을 반복하는 동안 일정한 리듬과 내적인 고요함이 생겨나는데, 이것이 영감을 얻기에 유리한 조건이 된다는 점이다. 그런데 사람들은 어떻게 하는 것이 제대로 연습하는 것인지에 대해서는 별로 관심을 기울이지 않는 것 같다. 물론 학습이 암기로만 이루어지고 단순한 모방이 중요했던 시대로 돌아가는 것은 아무도 원하지 않을 것이다. 사회학자이자 첼로 연주가인 리처드 세넷에 따르면, 결정적인 것은 연습 단계의 길이이다. "연습생은 그 단계에서 자신의 주의력 지속 시간이 허용하는 한도까지 얼마든지 한 작품을 반복해서 연습할 수 있다. 연습으로 실력이 늘어감에 따라 반복을 참아내는 능력도 커진다." 아이작 스턴 법칙이란 것이 있는데, 이는 기량이 향상될수록 지루해하지 않고 연습할 수 있는 시간도 길어진다는 것을 의미한다.

지속적인 연습이 자유를 제한한다는 것은 자본주의 이데올로기에 불과하다. 모터사이클 정비공이자 철학자인 매튜 크로포드는 이렇게 썼다. "당연한 진실은, 창조성이란 오랜 세월 연습하여 획득할 수 있는 대가다운 실력에서 나오는 부산물이라는 것이다. 헌신적인 몰두가 창조성을 키운다(음계를 연습하는 음악가나 텐서 대수를 공부하는 아인슈타인을 상상해보면 되겠다). 반면 창조성과 자유를 동일시하는 태도는, 융통성이라는 허울적 강압

아래 한 가지 활동에 완전히 통달할 때까지 충분히 오랫동안 그 일에 몰두하는 것을 못마땅하게 여기는 신자본주의의 문화에 아주 잘 어울리는 시각이다. 그러나 대가다운 실력은 진정한 창조성을 위한 전제 조건이기만 한 것이 아니라, 수공업의 장인이 누리는 모든 종류의 경제적 독립성의 전제 조건이기도 하다."

　　현대의 모태가 된 르네상스 시대에 이룩된 어마어마한 창조적 성과들은 하나같이 자신을 수공업자로 간주하며 공방에서 일하고 생활했던 사람들에게서 나왔는데, 거기에는 다 그럴 만한 이유가 있었던 것이다. 그때 전면에 부각된 것은 그들의 수작업이었지 개별적 예술가로서 그들의 주관성이 아니었다. 옛날 공방에서는 사람들이 각 수공예 예술의 의식과 종교 의식에서 비롯된 밀접한 유대 관계를 맺고 있었다. 19세기에는 갈수록 심해지던 디자인과 미술, 수공예 사이의 분리를 다시 없애려는 목적으로 미술공예운동Arts & Crafts Movement이 시작되었다. 옥스퍼드에서는 어느 정도의 예술적 이해를 갖고 있지만, 아틀리에가 아닌 공방에서 공동생활을 하며 함께 일하는 반쯤은 수도원과 비슷한 성격의 공동체들이 생겨났다. 그 운동의 주도자 중 한 사람인 윌리엄 모리스는 오늘날에도 고려해볼 가치가 있는 실질적이고 명료한 방향성을 제시했다. "아름다운 물건을 만들고자 한다면 아름다운 곳에서 살아야만 한다. (…) 쓸모가 있는지 없는지 알 수 없는 물건, 아름답다는 확신이 들지 않는 물건은 집안에 두지 말라." 모리스는 조형의 가장 중요한 요소를 추릴 때 남는 두 가지 미덕, 즉 단순함과 진실함을 가장 중시했다.

**홀로 그러나 외롭지 않게**

수도원 도서관과 르네상스 장인들의 공방부터 미술공예운동의 공방들, 20세기의 예술인 마을들과 바우하우스, 울름 조형대학교 등이 제시한 것은 수평적 조직 구조와 과정 관리와 프로젝트 관리의 문화, 팀워크와 네트워크의 문화만이 아니다. 창조성을 자기 삶의 중심으로 삼기로 결심한다는 것은 존재하는지도 모르는 어떤 결사에 들어가는 일이다. 이 결사는 권위적인 지시 같은 것은 모르며 스스로 창작자 개개인의 요구들에 맞춘다. 그러나 여기에도 암묵적인 신념은 분명히 존재한다. 그것은 바로 집중력과 내적인 고요함, 자유로운 결정권, 최소한의 경제적 보장 그리고 '자기 혼자만의 방'이 활발한 창작 활동을 위한 선결 조건이라는 생각이다. 스페인인 어머니와 인도인 아버지 사이에서 태어난 종교학자 레이몬 파니카는, 수도자적 삶의 방식은 수도원이나 구체적인 특정 종교에만 한정되는 것이 아니라고 생각했다. 수도 생활은 수천 년 전부터 존재해왔기 때문에 그것은 인간 존재의 한 원형과 관련된 일이라는 것이다. "모든 사람이 수도원에 들어갈 수 있거나 들어가야 하는 것은 아니지만, 누구나 자기 안에 수도자의 원형을 지니고 있으며 그것을 돌보고 가꾸어야 한다. 수도자적 삶은 인간 본질을 구성하는 하나의 소립자, 한 부분, 하나의 차원이다. (…)"

　　일단 창조성을 삶의 양식으로 삼으면, 그것은 노동이라는 틀을 벗어나며 단순히 주문자의 소망에 의해 제한되지 않는다. 창조성의 생명을 이어가는 것은 몰두이다. 결과물이 아니라 창작 활동 자체가 동력인 것이다. 여기서 의문시되는 것은 아마도 신비에 가까운 것이다. 자신이 어떤 일을 자기 삶의 중심으로 삼은 이유를 분명히 아는 사람이 얼마나 되겠는가? 그래도 우리는 분야를 막론하고 창조하는 일에 완전히 몰두하는 사람들을 관찰해볼 수 있다. 파니카는 이러한 내적 수도 생활에 가장 중요한 두 가지 미덕이 있다고 보았다. 만물의 단순성을 인식하게 해주는 행복한 단순함이 그 하나요, "더 높은 단계의 전체 안에서, 모든 것을 화해시키는 상위의 단일성 안에서 모든 것이 서로 잘 맞아들어 가도록 각각의 요소를 결합하는 것"을 의미하는 화해적 다양성이 또 하나이다. 창조적으로 일하고 살아가는 사람은 개별적 영역의 자잘한 혁신들을 만들어내는 데 그치지 않고 전체적으로 완결된 하나의 삶의 형식을 구상해낸다. 그 구상의 구체적 모습들이 서로 아무리 다르더라도 그 개개인의 개성들 아래에는 그것을 하나로 묶어주는 무엇이 분명히 존재한다.

　　프랑스의 철학자 롤랑 바르트는 사랑의 언어와 자기 어

머니의 죽음, 사진, 유행, 일본 등의 다양한 주제 그리고 여러 가지 문학적 주제에 관해 성찰하고 글을 써왔다. 특정한 부류로 분류할 수 있는 사상가가 아닌 것이다. 바르트는 교회와 신앙에 대해서는 거리를 유지해왔지만 초기 수도자들의 삶에 대해, 그러니까 이미 수도자들은 있었지만 수도원이나 교조적인 제도로서의 교회는 존재하지 않았던 시대에 대해 관심이 많았다. 또한 은둔자들의 삶의 방식에도 깊은 매혹을 느꼈다. 어느 강의에서 그는 이디오리트미Idiorrhythmie*라는, 오늘날 창조적인 일을 하는 사람들에게는 하나의 유토피아처럼 여겨질 수 있는 삶의 방식에 관해 이야기했다. 바르트는 사람들이 함께 생활하며 함께 일하는 그러한 방식에서 창조성을 저해하는 두 가지 극단적인 요소를 발견했다. 하나는 은둔자들이 느끼는 외로움이다. 창조적인 일을 하는 사람들은 피드백과 자극에 의존하기 때문에 철저한 은둔 생활은 권할 만한 게 못 된다. 또한 새로운 창조물은 세상 속으로 내보내야 하는데, 그러려면 커뮤니케이션과 네트워크가 필요하다. 다른 하나는 수도원 공동체와 부르주아 사회가 가하는 강압, 그리고 포스트모던한 시대의 에이전시들에 만연한 노동 문화—이들은 개개인과 그들의 개성이 발현될 여지를 거의 남겨두지 않는다—가 지닌 집단적 형태들이다.

---

* 예배를 제외한 수도자의 사생활을 개인의 자유에 맡기는 그리스 정교의 한 형식.

이 두 극단 사이에는 아무것도 없는 것일까? 롤랑 바르트는 무언가가 있다고 보았다. "그것은 두 사람씩 생활하는 것도, 다수가 함께 생활하는 것도 아니다. 잘 규율된 방식으로 외로움에서 벗어날 방법이 분명히 있다." 이디오리트미의 방식으로 살아가는 수도자는 자신이 집중해서 일할 수 있는 고독의 상태를 확실히 지키면서도, 자신과 비슷하게 살아가는 다른 이들과 교류도 한다. 홀로 있기 위해 스스로 은둔한 기독교의 사막 교부들역시 은거 생활을 포기하지 않으면서도 다른 많은 은둔자들을알았고 또 서로 소통했다. 그런 방법으로 그들은 집단의 압박에휘둘리지 않으면서도, 동시에 극단적인 외로움 때문에 파멸하는일도 피할 수 있었다. 롤랑 바르트는 그것이 바로 모든 사람이"자신만의 리듬을 타면서도" 박자를 놓치지 않을 수 있는 방식이라고 보았다. 그는 이러한 '중도적이고 유토피아적이며 낙원같고 목가적인 방식'을 동경했다. 오늘날 그런 방식을 다시 시도해보는 것도 가치 있는 일이 아닐까.

~~~~~~~~~~~ 5.08> **지속 가능한 가치를 지향하라**

삶도 노동도 쉬운 일은 아니다. 철학자칼 야스퍼스에 따르면, 삶과 노동은 둘 다 한계상황과 연결되어있다. 우리가 하는 일도 그렇다. 우리의 작업들은 무상하며, 우리는 병과 두려움과 죽음에서 벗어날 수 없지만, 삶에는 탄생과 새로운 창조도 포함된다. 자유로운 의사에 따라 창조를 자기 삶의 방식으로 삼은 사람은 장기적으로든 단기적으로든 창조에 유리한 삶의 조건들을 갖추기 위해 노력한다. 그러나 그 추구의 과정은 고되다. 야스퍼스는 삶이란 언제나 사랑으로써 하는 투쟁에 의해 규정된다고 말했다. 산다는 것이 늘 커다란 도전임을 그는 분명히 알고 있었던 것이다. 에리히 캐스트너도 "삶은 언제나 삶을 위태롭게 한다."라는 정곡을 찌르는 표현을 남겼다.

또한 자진해서 그 투쟁에 나선 사람이라면 자신이 무엇을 위해 투쟁하는지 자문해보아야 한다. 단지 돈이 돌게 하고 의뢰자를 성공시키기 위한 목적만은 아닐 것이다. 안타까운 현실이지만, 여전히 많은 사람들이 세상 자체가 물질주의적인 것이며 성공은 돈으로만 측정할 수 있다고 주장한다. 그러나 그러한 판단은 주로 그 의견을 말한 사람이 어떤 사람인지를 드러내 줄 뿐이다. 그것은 지나치게 돈과 소유를 중심에 둔 생각인데, 창조적인 행동은 결코 그런 것들로 규정되지 않는다. 물질주의자는 눈가리개를 쓰고서 자신이 갇혀 있는 세계의 작은 단면만을 본다. 반면 창조적인 사람들은 자신의 시야를 넓히고 고정관념의 틀을 벗어나서 세계를 바라본다. 그들은 자유의 철학자이다. 요제프 보이스가 창조 행위를 자유학이라고 부른 것도 그런 의미일 터이다. 물론 자유에는 책임이 따른다. 스티븐 배철러는 "자기중심적인 열망으로부터 벗어나면 세계가 내어준 가능성들을 다른 사람들을 위하여 창조적으로 실현할 자유를 얻는다."라고 썼다.

확장된 예술관을 갖고 있던 요제프 보이스는 그 관점에 따라, 예술의 임무는 삶과 노동의 모든 영역으로 밀고 들어가는 것이라고 생각했다. 그래서 인터뷰와 강연, 전시회 등 그가 하는 활동들은 항상 삶의 설계와 생활 태도에 관한 구체적인 문제들을 다룬다. 또한 그는 예술과 디자인, 수공예를 가르는 경계들도 허물어뜨린다. 그가 보기에 중요한 것은 어느 분야이든 간에 자유롭고 창조적이어서 예술이 될 수 있는 활동이었다. 누구에게나 창조적 잠재력이 있기 때문에 모든 사람이 예술가라고 본 것이다. 한편 그의 사상은 기독교 쪽으로 기울어져 있어서 죽음과 소생의 반복적 교대에 대해서도 깊은 관심을 갖고 있었는데, 그는 그것이 창조 활동을 하는 사람들이 매일 겪는 과정이라고 보았다.

모든 창조 행위는 우리가 살고 있는 세계를 형성한다. 보이스는 사회를 우리가 지속적으로 디자인하고 있는 사회적 조각품으로 이해했다. 그 외에 사람이 할 수 있는 일은 없다. 비유적으로 말하면 사람은 항상 조각가로서 활동하고 있는 것이다. 그것은 발화에서부터 시작된다. 후두가 공기의 흐름을 '조각하면' 단어들이 빚어지면서 우리의 입 밖으로 나오는 것이다. 보이스는 이렇게 말했다. "감자 껍질을 벗겨보라. 그러면 근본적으로 당신은 이미 조각가이다." 전체적으로 그가 가장 중요하다고 본 것은 세계의 형태를 만들 수 있다는 점이었고, 여기서 그의 주된 관심사는 창조성과 더불어 우리 사회의 가장 중요한 자본을 구성하는 자유였다. 이를 표현하는 그의 공식은 아주 단순하면서도 그의 이론 전체를 잘 요약하고 있다. '예술=사람=창조성=자유.'

네 영역 모두 투쟁하여 얻을 가치가 있으며, 그 투쟁에는 에너지가 필요하다. 또한 계획도 세우고 조직적으로 체계를 갖추고 수작업 연습도 해야 한다. 이런 보이스의 주장을 사실상 모든 행동에는 창조적 가치가 있다는 의미로 해석한다면 그것은 오해다. 오히려 그와는 정반대다. 그는 '그냥 한번 해보는 것'과 유희적-직관적 접근법들은, 기껏해야 충동적인 것을 드러내는 단순한 이데올로기에 지나지 않는 것이라고 본다. 그는 자신의 제자들에게 자연과학적-수공예적 실력과 철학적-종교적 지식과 개인적 성찰을 요구한다. 이런 측면들에 대해 지속적인 노력을 기울이지 않는다면 "창조적 잠재력들 안에 다듬어지지 않은 힘들이 혼재된 상태"로만 남게 되고, 거기서 나올 수 있는 결과는 아이디어의 남용뿐이라는 것이다. 여기서 보이스는 '계획 세우기'라는 개념을 효율적인 일처리에만 관심을 두는 과정 관리의 협소한 제약으로부터 해방시킨다. 그는 한 인터뷰에서 이렇게 말했다.

내 삶 전체를 오롯이 관통하지 않는 것이라면 (…) 그것은 성공하지 못할 것이다. 뜨문뜨문한 것으로는 안 된다. (…)

이 말이 의미하는 바는, 내 스스로 항상 준비하고 있어야 한다는 것 (…) 그리고 평생 단 한순간도 그 준비에서 예외인 순간은 없다는 태도로 살아야 한다는 것이다. 정원을 가꿀 때든, 사람들과 대화하거나 북적거리는 도로에서 이동할 때든, 책을 읽거나 강의를 할 때든, 또는 어떤 영역에서든, 심지어 집에 있을 때에도 나는 항상 정신을 바짝 차리고 있어야 한다. 즉 모든 힘들의 배열 전체를 아우를 수 있는 시야를 확보하고 있어야 그 힘들을 뚜렷이 의식할 수 있다는 말이다. 그래야 그 힘들의 원칙들을 명확히 의식하는 것이다. (…) 연습이란 한마디로 바로 그런 것이다.

이는 대단히 까다로운 요구이자, 항상 주의력을 예리하게 벼리는 연습에 전념하는 삶의 한 형식이다. 대니얼 골먼도 "창조성은 하나의 존재 형식이다. 창조적인 사람은 자신이 일하는 영역에 대해 항상 생각하고 있다."라고 썼다. 우리에게는 그렇게 할 자유가 있으며, 요제프 보이스는 그 자유가 우리의 창조성을 발달시킬 뿐 아니라 건설적이고 창조적으로 활동해야 할 의무도 부여한다고 보았다. 게다가 그것은 노동과 삶의 모든 영역에 해당하는 말이다. 에너지가 있는 곳에서는 무엇인가 생겨나기 마련이다. 보이스에 따르면 "이렇게 에너지가 넘치는 것으로부터 무언가가 움직이기 시작해야 하고, 그런 다음 하나의 형태를, 나아가 여러 가지 형태, 특별한 형태를 취해야 한다. 그

것이 창조성이다." 창조성이 단순히 주문을 처리하는 도구에 머물지 않으려면 민주주의와 생태적 책임도 외면해서는 안 된다. 그러므로 지속 가능성은 삶의 형식으로서 창조성이 의무로 삼아야 할 핵심적 이상이다. 이에 대하여 철학자 빌헬름 슈미트는 모든 형태의 창작에 통용될 수 있는 두 가지 정언적 명령을 만들었다.

> 1) 네 실존의 토대를 파괴하지 않도록 행동하라.
> 2) 네 행동이 다른 사람들에게 미칠 결과가 너 자신이 다른 이들에게서 기대할 만한 결과가 되도록 행동하라.

지속 가능성이라는 가치를 지향한다는 것은 삶의 경제적, 생태적, 사회적 측면들에 해당한다. 디자이너 우베 보덴은 이 세 기둥에 덧붙여 미학이라는 또 하나의 기둥을 추가했다. 그는 지속 가능성이라는 개념을 어떻게 소통해야 하는가 하는 문제를 놓고, 그 복잡한 실상에 관해 전달할 수 있는 전문가는 커뮤니케이션 디자이너라는 판단을 내렸다. "여기서 과제는 창작을 통하여 지속 가능성이라는 이상을 단순화하되 왜곡하지 않고 표현하는 것"이라고 보덴은 말했다. 그래야만 심리학자 대니얼 골먼이 정의한 바의 창조성을 성취할 수 있다. 골먼의 정의에 따르면 창조성이란 모든 것을 우리가 처음 발견했을 때보다 조금은 더 나은 상태로 후세에 물려주는 것을 의미한다. 그러나 유감스럽게도 이 세상에는 스스로 의식하지도 못하는 사이에 자기가 발견했던 것을 '더 악화시켜' 물려주는 사람들이 가득하다. 지성과 창조성을 오로지 이기적 목적을 추구하는 데에만 사용할 때 바로 그런 일이 생긴다. 물론 좋은 경제란 이윤 극대화만을 의미하지 않는다는 것을 이해하지 못하는 고용주들은 그런 상태에 만족할 테지만 말이다.

창조성은 노동뿐 아니라 삶과도 깊은 관련이 있고, 그렇기 때문에 우리에게 여러 가지 근본적인 질문을 던진다. 잭 콘필드는 그 질문들을 이렇게 요약했다. "우리는 시간과 힘, 창조성과 사랑을 어디에 투자하는가? 감상이나 과장, 이상주의를 걷어내고 삶을 바라보아야 한다. 우리가 선택한 방향에는 우리가 마음 깊이 소중히 여기는 것이 실제로 반영되어 있는가?"

우리가 하는 일에 어떤 의미가 있는지, 우리가 취하고 싶은 방향은 무엇인지, 어떻게 하면 더 좋은 세상을 물려줄 수 있을지에 관해 지속적으로 성찰할 때에야 비로소 창조성은 우리 삶의 한 형식이 된다. 이 심오한 질문들이 던지는 반가운 메시지는, 우리 안에는 언제나 방향을 바꾸어 다르게 살고 다르게 일할 수 있는 가능성이 있다는 것이다. 창조성에는 많은 것을 변화시킬 수 있는 힘이 있다. "우리의 창조는 예술과 생존을, 예술과 치유를, 예술과 사회 변혁을 이어준다. 아름다움을 향한 충동과 건강을 향한 충동, 정치적 자유를 향한 충동은 모두 연결되어 있다. (…) 문화와 예술은 생존의 필수적인 자원이다. 창조는 예술에서뿐 아니라 학문과 기술, 일상에서도 인간 실현을 위한 원초적인 근원이다. 창조성은 순응성을 대체하여 사회적 존재의 기본 양식이 될 수 있다." 즉흥음악가이자 저술가인 스티븐 나흐마노비치의 말이다.

~~~~~~~~~~~~~~~~ 5.09> **지성과 감성의 조화**

우리가 문제를 인식하고 해결하는 데는 머리가 필요하다. 진지하게 숙고하기를 거부하고 안이함을 선택하는 사람은 아마도 자신의 지성을 사용할 용기가 없는 사람일 것이다. 우둔한 사람은 창의성이 없고 지루할 뿐 아니라 잘못된 꾐에 빠지기 쉽고 말썽도 곧잘 일으킨다. 우둔하면 외부의 힘에 좌지우지되어 아무 명령이나 따르거나 항상 이기적이고, 덮어놓고 거부하기를 좋아한다. 그러나 지능이 아무리 높아도 세계의 복잡성을 완전히 파악하기에는 역부족이다. 우리는 신이 아니다. 따라서 합리적 사고는 문제를 해결할 수 있도록 단순화하는 것에 달려 있다. 지성이라는 단어는 사람이 타고난 재능을 규정하기에 부족하다. 그 말에는 창조적인 힘은 포함되지 않는다. 그러니 단순히 지적인 접근법만으로는 창조성을 확보할 수 없다. 지적인 접근법뿐이라면 원하는 일을 하는 것이 아니라 해야 하는 일만 하게 될 것이다. 창조적 노동을 규정하는 것은 바로 특정한 활동에 대한 열정적 헌신이며, 우리가 어떤 성취를 이루었는가는 대체로 사후에야 판단할 수 있다. 그러니 지성만으로는 안 된다. 창조적인 삶과 노동 가운데 의식적 계획에 따라 이루어지는 것은 아주 작은 부분에 지나지 않는다.

"사유의 형식 중에는 감정을 배제하고도 가능한 삭막한 유형도 있다. 그러나 유독 창조적 사고에서는 감정에 대한 의존이 결정적이다." 과학저널리스트 바스 카스트가 『머리가 생각하는 데 배는 어떤 도움을 줄까Wie der Bauch dem Kopf beim Denken hilft』라는 책에서 쓴 말이다. 자신의 직관을 믿고 무의식적 충동을 따랐을 때 성공하는 경우가 많으며, 비이성적이거나 심지어 달갑지 않았던 감정들까지도 창조성의 동력이 될 수 있다. 대표적인 불안연구가인 보르빈 반델로는 창조성과 불안 사이에 연관관계가 있다고 생각한다. 『불안, 그 두 얼굴의 심리학』에서 그는 "불안은 최고의 성과를 올리는 데 필요한 무한한 에너지를 만들어낸다."라고 썼다. 게다가 창조적인 사람들은 흔히 "다른 사람들에 비해 감정이 풍부하고 감성적이며 정열적"이라고들 한다.

불안은 사람을 마비시키기도 하지만 극도로 예민하게 만들기도 하며, 이런 강렬한 느낌들은 창조적 성취로 흘러드는 경우가 많다. 둔한 사람들은 전혀 불안을 느끼지 않는데, 이런 면에서도 지성과 창조성의 연관 관계가 성립한다. 무난히 극복하기만 한다면 불안보다 더 강력하게 동기를 부여하는 것도 없다. 사회 공포증이 있는 예술가들이 스스로 이겨냈다는 느낌을 갖기 위해 일부러 무대에 오르는 것도 그런 맥락에서 이해할 수

우리가 하는 일에
어떤 의미가 있는지,
취하고 싶은 방향은
무엇인지, 어떻게 하면
더 좋은 세상을 물려줄 수
있을지에 관해 지속적으로
성찰할 때에야 비로소
창조성은 우리 삶의
한 형식이 된다.

있다. 그러나 유감스럽게도 불안은 알코올성 질병들과도 밀접한 관련이 있다. 심리학자들은 알코올이 들어가면 초자아가 쉽게 녹아버린다고 말한다. 알코올은 불안을 재워주는 효과가 있지만 동시에 중독의 위험도 함께 갖고 있다. 아무튼 약간의 불안은 창조성의 원천이 될 수 있다. 아니, 반드시 창조성의 원천이 된다!

　　우리가 판단을 하고 결정을 내리면서도 그 판단과 결정이 어떤 과정을 거쳐 나온 것인지 모르는 경우가 많다. 또한 다른 사람들의 주장을 면밀히 검토해보지도 않고 무턱대고 공감하거나 마음대로 음악을 골라 틀거나 특정한 폰트를 선택하는데, 그러고 난 후 나중에야 그것이 제대로 된 선택이었음을 확인하게 되는 일도 있다. 그 판단이 옳았던 이유는 우리가 그에 대해 깊이 생각하지 않았기 때문이다. 정밀한 분석도 항상 도움이 되는 것은 아닌데 이는 우리의 지성이 파악할 수 있는 범위가 제한적이기 때문이다. 반면 직관적으로 판단할 때에는 우리의 무의식이 주도적인 역할을 한다. 그 과정은 느리게 진행되고, 경험을 바탕으로 하며, 마치 스펀지처럼 주변에서 일어나는 일들을 흡수하기 때문에 우리가 의식하는 것보다 훨씬 많은 것을 포착할 수 있다. 비록 우리가 인지하지 못하더라도 우리 내면에서는 무언가가 우리가 골몰하고 있는 의문들에 대해 계속해서 생각하고 있다. 꿈이나 명상 중에 떠오른 생각들이 우리 내면 깊은 곳에서 무슨 일이 벌어지고 있는지를 암시해주는 경우도 많다.

　　물론 직관은 엄밀하지도 않고 우리로서는 알 수 없는 심리적 근원에서 나온 것이지만, 의식 수준에서 이루어지는 이성적 사고보다는 훨씬 더 포괄적이다. 카스트의 표현을 빌리면 무의식은 한눈에 조망할 수 없이 폭넓고 복잡한 문제들을 포착하여 "그 정보를 압축하여 직관에게 보내준다." 때때로 지성은 복잡한 것을 지나치게 단순화하고, 얼핏 논리적인 것 같지만 이따금 터무니없이 어리석은 결과를 내놓기도 한다. 이런 점은 대개 나중에 돌아볼 때에야 알 수 있다. 한때 자동차의 사용을 결코 허용해서는 안 된다는 아주 설득력 있는 주장들이 있었다. 말보다 더 흉하고 시끄럽고 돈이 많이 들며 환경을 오염시키고, 더이상 못 쓰게 되었을 때에는 고철 더미만 남기게 되리라는 것이었다. 교통사고 건수만 보아도 자동차를 모는 것이 우리에게 얼마나 감당할 수 없이 큰 부담을 요구하는 일인지 알 수 있다. 그러나 역사는 그런 판단과는 다른 방향으로 흘러갔다. 이제 빈의 중심가를 제외하고 마차를 볼 수 있는 곳은 거의 없다.

　　바스 카스트는 자아를 두 가지 차원으로 분류한다. 하나는 이성과 지성의 영역인 '언어-자아'이다. 언어-자아는 이성적이고 논리적으로 행동하며, 주장들을 면밀히 검토하고, 개념들을 사용하여 세계를 분류한다. 이와 구별되는 것은 '경험-자아'이다. 이 자아는 "우리의 몸과 행동에 대해 느낌들로써 말한다." 느낌은 충동을 동반하며 흔히 지성보다 훨씬 더 신속하게 판단을 내리지만, 거기에 이를 때까지 무의식 수준에서 이루어지는 모든 과정에는 더 많은 시간이 들어간다.

느낌을 토대로 결정하려는 사람은 자기 내면의 목소리에도 귀를 기울일 줄 알아야 한다. 시간의 촉박함이나 소음, 스트레스, 만복감, 피로, 알코올 등도 결정에 일말의 영향을 미치지만, 우리가 직관적으로 옳은 판단을 내리게 해주는 자연스럽고 진정한 감정들을 왜곡하는 측면이 있다. 우리가 느낌들을 탐색하는 데 드는 시간 내내 끊임없이 생각을 곱씹는 버릇도 고쳐야 한다. 자신의 느낌들에 주의를 기울인다는 것은 비이성적이거나 심지어 잘못된 결정을 내리고도 그 결정이 옳았다고 합리화하는 것을 의미하지는 않는다. 카스트는 "그러므로 일상생활을 하는 중에 무의식적인 경험-자아의 측면에 놓여 있는 것들을 가능한 의식적인 언어-자아가 나서서 결정해야 한다."라고 썼다. 각자 위험 요소들도 갖고 있다. 경험-자아의 측면에서는 갑작스러운 격분과 같은 감정적인 충동의 노예가 되어서 무분별하게 행동해서는 안 된다는 것이다. 또한 언어-자아의 측면에서 오랫동안 감지하고 있던 느낌들을 우리의 머리가 그에 대한 반론을 내놓았다는 이유만으로 무시해버리는 것은, 개인적으로 잘못된 결정을 내리게 되는 가장 흔한 양상이다. 결국 우리에게 동기를 부여하는 가장 결정적인 힘은 언어-자아와 경험-자아의 협력이다. 지성과 감성의 교집합이 커질수록 우리의 가용 에너지도 증가하고 자기가 내린 결정을 후회하지 않을 가능성도 더 커지는 것이다.

## 창조성을 위한 공식

음악가이자 컴퓨터예술가이며 작가인 스티븐 나흐마노비치도 비슷한 이야기를 했다. "창조적인 사람은 자기 내면의 두 가지 인물, 즉 뮤즈와 편집자를 구현 또는 묘사한다고 생각할 수 있다. 뮤즈가 제안을 하면 편집자가 결정을 내린다." 아이디어와 묘안들은 우리 의식의 깊은 층으로부터 나오는데, 자신의 정신적 상태들과 접촉하는 연습을 해두는 것은 그러한 발상의 과정을 촉진하는 데 도움이 된다. 자기 자신에 대한 예의와 자신과 친해질 수 있는 능력만이 정신으로부터 아이디어들을 이끌어낼 수 있다. 뮤즈는 수줍은 성격에 숭배받고 싶어 하고, 비위를 맞춰주고 복종해주기를 원한다. 그러나 자신의 작업에 통달한 편집자가 없다면 그 무엇도 밖으로 표현되지 못한다. 아름다운 구상을 실현하는 것은 바로 편집자이다. 둘은 서로 사슬처럼 맞물려 있어서 손으로 구현하는 실력이 없으면 영감도 표현되지 못하는 것이다.

오늘날에는 연습과 수작업이 그다지 높은 존경을 받고 있지 못한데, 이는 테크닉만 너무 고집하느라 영감의 원천인 우연이 생길 여지를 막고 있기 때문이다. 게다가 정보와 테크놀로지에 빠져 있을 뿐 자신의 장난감들로 생산적이거나 아름다운 것은 전혀 만들어내지 못하는 이들도 너무나 많다. 그들은 새로 산 카메라나 아이패드가 이론상 어떤 기능들을 수행할 수 있다는 사실만으로도 전적으로 만족하며, 결국 볼품없는 사진들만

무수히 찍어대거나 무의미한 앱들만 끝없이 설치하고 만다. 인터넷 스트리밍을 통해 대중음악을 제한 없이 접할 수 있는 상황이 되었지만, 그렇다고 해서 청취자들의 취향이 나아지지도 않았고 오히려 피상적이고 우연적인 소비로만 이어졌다. 나흐마노비치는 이렇게 썼다. "창조를 위해서는 기술이 필요하지만 또한 기술로부터의 자유도 필요하다. 그러려면 우리가 지닌 기술이 무의식 수준으로 스며들 때까지 연습해야 한다. 자전거를 타면서 필요한 동작을 하나하나 생각하고 있다면 그 자리에서 바로 넘어져버린다. 의식과 무의식 사이에서 일어나는 일종의 물물교환은 연습이 만들어낸 연금술의 한 부분이다. (…) 연습은 예술에 필수적이기만 한 것이 아니라 연습이 바로 예술이다."

나흐마노비치는 '갈룸피어렌Galumphieren'이라고 불리는 어느 고등한 생물의 특징을 언급한다. 그가 말하려는 것은 깊이 생각을 곱씹을 필요도 없고 목표를 세울 필요도 없으며, 자신이나 시간에 대해 신경 쓸 필요도 없이 놀기만 하는 아이들이나 동물들의 무한해 보이는 에너지이다. 어른이 된다고 해서 그렇게 놀 수 있는 능력이 근원적으로 사라지는 것은 아니지만 대개는 깊숙이 묻혀버린다. 그러나 그 능력은 창조성과 밀접히 연관된 내면적 자유의 한 상태를 드러낸다. 그것은 바로 창조성을 살찌우는 즉흥의 능력이다. 나흐마노비치에 따르면 "이 에너지를 이끌어내는 수단에 대해서는 이미 잘 알려져 있다. 육체 단련과 좋은 섭생, 양질의 수면, 꿈을 추구하는 것, 명상, 삶의 기쁨을 만끽하는 것, 책을 많이 읽고 폭넓은 경험을 쌓는 일 등이다. 창조성의 출구가 막혀버린 사람이라면 유머와 기쁨, 자연 같은 분위기를 풀어줄 방법들을 시도해볼 수 있다."

놀라운 것은 사람들이 이러한 수단들을 실제로 잘 알고 있으면서도 직접 시도하기는 꺼린다는 사실이다. 수천 년 전부터 실행해온 그 단순한 행위들이 멋져 보이지 않기 때문일까. 종교와 종교 의식은 그 자체가 현대적인 것은 아니고 그 속에 위험 요소도 있지만, 동시에 수천 년 된 지혜와 통찰도 함께 담고 있다. 물론 명상이나 편력, 순례를 하려면 고된 노력과 끝까지 해내겠다는 의지가 필요하다. 하지만 그런 일들이 습관으로 자리 잡는다면 엄청난 힘을 발휘하는데, 무엇보다도 일과 자신의 삶을 창조적으로 꾸려가는 일에 대해 큰 영향을 미친다.

명상은 보여주기 위한 것이 아니며, 성급하게 양식화하여 유행을 유도할 수도 없다. 물론 흔히 말하듯이 사람들이 좋아하는 모든 일―서핑과 빈둥거림부터 조깅까지―을 명상이라고 표현할 수도 있겠지만, 그렇게 하는 것은 광고업계의 유도대로 끌려가는 것일 뿐이다. 아름다운 여성이 명상을 하는 (대개는 완전히 잘못된 자세를 취하고 있는) 사진이나 불상도 유행 상품이 되었지만, 그 유행의 대상은 단지 수도자적으로 보이는 외관일 뿐이다.

그러나 매일 아침 25분씩 방석 위에 조용히 앉아서 자신의 호흡을 하나하나 관찰하고 이를 습관으로 삼아 여러 해 동안

창조를 위해서는
기술이 필요하지만 또한
기술로부터의 자유도
필요하다. 그러려면
기술이 무의식 수준까지
스며들 때까지 연습해야
한다. 연습은 예술에
필수적이기만 한 것이
아니라 연습이 바로
예술이다.

계속하는 것은 상상할 수 있는 어떤 유행도 넘어서 있는 일이다. 필요한 것은 방석 하나뿐이므로 소비를 부추기지도 않는다. 티베트 사람들은 자신의 호흡에 집중하는 일은 언제라도 할 수 있는 일이라고 말한다. 호흡이란 늘 자신이 지니고 있는 것이며 비용이 들지 않는다. 다만 집중력을 높이고, 꼭 필요한 홀로 있음을 견디고, 인내심을 키우고, 직관에게 필요한 공간을 제공하려면 연습이 필요하다. 선사이자 펑크록 뮤지션인 브래드 워너는, 좌선은 아주 따분한 일일 뿐이라고 솔직하게 말한다. 최소한 처음에는 그렇다. 그리고 그는 이렇게 덧붙인다. "하지만 이것만은 확실히 말할 수 있다. 가만히 앉아서 흰 벽을 응시하고 있는 것만으로도 모든 것을 변화시킬 수 있다. 모든 것이다. 이것은 은유가 아니다. 과장도 아니다. 그저 있는 그대로의 사실이다."

삶과 일을 창조적으로 꾸려가는 데 필요한 에너지와 차분함은 우리 밖에서 구할 수 있는 것이 아니다. 아마도 그것들은 우리 안에 깊숙이 묻혀 있을 공산이 크다. 어렸을 때 우리는 자유분방한 에너지로 놀고 배우고 다양한 아이디어를 생각해냈다. 그러한 능력을 다시 발굴해내기 위해 우리에게 필요한 것은 어느 정도의 용기와 의지, 그리고 장기적인 연습에 적합한 성향이다. 스티븐 나흐마노비치는 이렇게 썼다. "창조성을 위한 공식은 단순하다. 무엇이 당신을 부담스럽게 하는지 알아내고, 터질 것 같은 여행 가방에서 오래 지니고 다닌 짐을 덜어내듯이 그것을 덜어내라. 우리가 자유롭고 아무것도 우리의 마음을 어지럽히지 못할 때면 (…) 우리 안에 자리 잡고 있던 창조력은 어떤 종류의 것이든 상관없이 지극히 자연스럽게 그대로 흘러나온다."

그런데 우리가 창조성을 삶 전체를 변화시킬 수 있는 수단으로 이해할 때, 의무와 강제가 따르는 노동의 일상은 창조성의 길에 방해가 되는 것처럼 보인다. 특히나 많은 사람들이 일하는 (그리고 일해야만 하는) 현대의 사무실은 모든 면에서 창조성이 요구하는 것과는 정반대의 모습으로 보인다. 이러한 노동의 세계를 단번에 기습적으로 완전히 바꿀 수는 없다. 그리고 내 생각에는 그렇게 완전히 변화시켜야 할 이유도 없다. 현재의 상태로 된 많은 것들에는 그렇게 된 나름의 의미가 있기 때문이다.

일단 진지한 영적인 기술들에 호기심을 갖게 되었다면, 그 무엇도 자기 정신과 감정의 상태들을 반성적으로 고찰하는 것을 막을 수 없다. 이제 해야 할 일은, 예컨대 아침 식사 전 15분 정도라든지 매일의 일정에서 약간의 시간을 빼놓는 것뿐이다. 어려울 거라고 지레짐작할 수도 있겠지만 사실은 전혀 문제될 것이 없다. 그리고 일단 지속적 수행의 습관이 들면, 아주 간소하지만 효과적이고 유익한 그 방법으로 서서히 노동의 일상까지도 변화시키고 싶다는 욕구가 절로 생겨난다. 일을 견딜 만하게 해주고, 자유로운 여지를 만들기 위한 이런 전략들은 언제나 존재해왔다. 만약 주어진 조건들이 창조성에 유익하지 못하다면 그 조건들을 바꾸면 된다. 오늘날 우리는 역사상 그 어느 시기보다 그런 변화를 일으킬 수 있는 큰 자유를 누리고 있다. 우리가 만들어야 할 것은 단지 작은 섬일 뿐이다. 그것만으로도 전체 지형이 따라서 달라질 것이다.

# 6
:

## 영혼을
## 위한 휴가

**현대인의 건강 숭배**

〈매드맨Mad Men〉 시리즈의 팬들은 1960
년대 뉴욕 광고 회사의 일상적 업무를 담아내는 스타일과 위트
를 좋아한다. 돌이켜 보면 드라마로 옮겨진 과거에 대한 동경은
모두 복고 문화의 일부로 볼 수 있을 것이다. 여자들은 아직 원
피스를 입고 말끔한 매니큐어와 화려한 립스틱을 바르고 하이힐
을 신으며, 남자들은 항상 흰 셔츠에 양복을 입고 있다. 철저하
게 이성애적인 남자들의 세계와 여자들의 세계도, 사생활과 업
무 세계도 엄격하게 분리된다. 결혼은 기본적으로 사랑의 장이
아니라 부르주아적 순응의 장이며, 따라서 혼외정사는 예외라기
보다는 당연한 법칙이다. 주인공들 중 누구도 스마트폰에 매여
있지 않고, 트위터나 페이스북에서 시간을 보내지 않는다. 물론
여기서도 광고 회사의 직원들은 스트레스를 받지만 번아웃 같은
것은 생각도 할 수 없다. 게다가 직장 문화는 지나치게 사교적이
고 남녀 간의 에로틱한 관계가 너무 만연해 있다. 두 특징 다 주
인공들이 일을 지나치게 자신과 동일시하는 것을 막아주는 요
소들이다. 그리고 오늘날의 우리에게 유난히 눈에 띄는 것은 사
람들이 아직 육체적 건강에 전혀 관심을 두지 않는다는 점이다.
1960년대에 대다수 사람들은 담배가 건강에 해롭다는 주장을
단순한 추측이라고 여겼다. 주인공들은 운동도 전혀 하지 않고
이상적인 체중을 유지하기 위해 노력하지도 않는다. 〈매드맨〉에
서는 하루 종일 충실히 곁을 지켜주는 동반자로서 술과 담배와

커피가 등장하지 않는 장면을 거의 찾아볼 수 없다. 1960년대의 직장 문화를 생각해보면 그것은 터무니없는 과장이 아니라 오히려 현실적인 묘사이다.

그에 반해 오늘날에는 날씬하게 만들어준다고 하는, 두말할 것 없는 건강 음료인 광천수를 빼놓고 진행하는 회의는 없다. 그런데도 이 포스트모던한 시대의 숨 돌릴 틈 없는 직장 문화는 전후시대보다 결코 더 건강하다고 할 수 없다. 질병 통계는 무척 미심쩍다. 어떻게 그런 결과가 나온 것일까? 오늘날의 건강 숭배는 무엇보다도 육체적 측면에만 관심을 둔다. 물과 건강식과 스포츠는 당연히 담배와 커피와 위스키보다 건강에 좋다. 그러나 이때 영혼의 측면은 종종 간과된다. 흡연은 몸에는 해롭지만, 일하는 일상의 가운데에서 짧은 휴식의 기회를 여러 차례 제공해주며 스트레스 수준을 적잖이 낮춰준다, 우리의 정신이 집중할 수 있는 시간이 최대 45분인 것을 감안하면 오늘날 우리의 휴식 시간은 너무 적다. 꼭 스트레스 때문에 담배를 피우는 경우만 말하는 것은 아니지만, 어쨌든 흡연자는 자신의 영혼을 보살피는 동시에 몸에는 해를 입히는 셈이다. 술과 관련해서도 비슷한 말을 할 수 있다. 생일을 맞이한 동료는 점심 때 샴페인을 한 잔씩 돌린다. 음식 문화가 발달한 나라들에서 일반적으로 장려하는 '정오의 와인'은 다가올 오후의 스트레스 수준을 낮춰준다. 알코올은 불안을 해소하는 효과가 있기 때문에 이는 심리학적으로도 그리 놀라운 일은 아니다. 알코올 남용의 위험도 바로 그 효과 때문에 생긴다. 그래서 알코올 문제의 뒤에는 불안장애가 숨어 있는 경우가 많다. 프랑스와 이탈리아, 스페인은 점심 때 와인 한 잔을 마시는 문화가 있기는 하지만, 그런 휴식 문화에서는 술을 너무 많이 마시는 것은 금기시한다. 와인, 특히 레드 와인은 하루에 한 잔이나 두 잔 정도 마시면 몸과 정신에 고루 유익하지만 많은 양을 마시면 해로운 마약이 되어버린다.

여기서 우리는 분명히 구별해야 한다. 오늘날의 직장에서 술은 일반적으로 금기이며, 업무 분야에 따라서는 정당한 해고사유가 되는 경우도 많다. 그러나 적절한 양만 섭취한다면 〈매드맨〉의 허구의 세계에서처럼 전혀 심각하지 않게 받아들여진다. "점심 와인을 살리자!"라고 요구하는 캠페인도 있다. 동료가 생일을 맞아 점심시간에 샴페인을 한 잔씩 돌린 날이면 여느 날과는 전혀 다르게 시간이 흘러간다는 것을 누구나 알 것이다. 이쯤 되면 알코올과 휴식의 영향으로 분위기가 방만해졌기 때문에 일을 더 적게 할 것이라고 생각하는 사람도 있을 것이다. 그러나 50년 전에는 주간 노동 시간이 훨씬 길었고 휴가일도 적었다는 것을 잊어서는 안 된다. 또한 압박감과 통제 역시 현저하게 적었다. 사람들은 자신의 일을 열심히 했을 뿐, 끊임없는 평가와 통제에 노출되지 않았다. 게다가 병가와 직업과 관련된 정신질환의 발병 건수도 훨씬 적었다. 지난 50년 동안 번아웃과 불안장애, 우울증 발병은 꾸준히 증가해왔다. 1년이라는 시기를 두고 휴가일과 병가를 낸 날까지 함께 계산해보면 과거에 더 오래, 더 많이 일했지만 동시에 더 '평온하게' 일했음을 알 수 있다. 성과가 저조했다는 것은 아니며, 다만 심리적 부담이 더 적었다는 것이다.

똑부러지게 어느 한 쪽으로 입장을 정하기는 어렵다. 다시 점심시간에 와인 마시는 것을 권장해야 하는 걸까? 아니면 위험이 더 크니 알코올 섭취는 계속 금기로 남겨두어야 할까? 그것은 각 회사의 문화에 맡겨두는 수밖에 없는데, 어떤 결정을 내리더라도 그 전에 시험을 해보는 게 좋을 것이다. 문화사와 기술사에 관한 책을 읽어보면 〈매드맨〉의 배경인 1960년대에도 정신없이 바쁘고 포스트모던한 오늘날에 비해 혁신적 기술과 획기적인 발명품들이 결코 적지 않았음을 알 수 있다. 이 사실은 어떻게 이해해야 하는 것일까?

<hr/>

6.02> **우리는 멈추지 않는 세계를 살아간다**

우리는 포스트모던한 시대의 문화 속에서 살고 있고, 이 점은 축복인 동시에 골칫거리이다. 우리를 속박하던 부르주아적 시간 조직과 노동 질서는 이제 언제나 스스로 결정할 수 있는 유연한 구조로 대체되었다. 창조적 직업군에 속했으면서 자녀가 없는 사람들에게 시간 배분은 개인적 결정 사안이 되었다. 그래도 생활은 충분히 잘 굴러간다. 일요일이나 야간에 일하기를 원하는 사람은 그러면 되고, 햇빛이 날 때는 평

일에도 공원에 누워 있고 싶다면 그렇게 해도 문제없다. 밤에 파티를 벌이는 사람은 기상 시간을 늦추면 된다. 반대로 오래 일하고 늦게 잠자리에 드는 것도 상관없다. 이런 식의 시간 조직으로 생활해보았고, 자기 자신만 책임지면 되는 사람들은 이전 그 어느 세대에 비하더라도 훨씬 많은 자유를 누린다. 심지어 그에게는 일정 연령대부터는 건강에 무리가 될 수도 있는 반복적 생활 리듬조차 없다.

오늘날에는 너무나 다양한 시간 조직 방식이 동시에 존재하기 때문에 세대와 직종에 따라 서로 전혀 다른 행성에 살고 있는 것 같은 느낌마저 든다. 대도시 카페들은 오후 5시까지 아침 식사를 판매하는 곳도 드물지 않다. 술집에서 일하거나 밤새 파티를 열고 아침 9시가 되어야 잠자리에 드는 사람들을 위해서다. 아이들이 있는 사람들은 대개 세 시간 정도는 더 묶여 있은 다음에야 마음 편히 할 일을 할 수 있다. 내가 아침에 딸아이를 유모차에 태우고 빵집에 갈 때면 아직 파티를 하고 있는 사람들도 보이고, 아직 일이 끝나지 않았거나 벌써 시작한 사무실들도 보이며, 출근 중이거나 축제에 참가하러 가는 사람들도 보인다. 이런 다양한 차이들 때문에 서로 시간이 어긋나는 일이 많이 생기고, 사람들은 이제 어떤 사람을 언제 만날 수 있는지 잘 예측하지 못한다. 시간연구자 칼 가이슬러는 "사회적으로 확정된 적합한 시간과 부적합한 시간은 이제 없다."라고 썼다.

그래서 "모든 것을 언제나, 어디서나, 즉시"가 이 포스트모던한 문화의 모토가 되었다. '디지털 네이티브' 세대는 다양한 소통 채널에서 오랫동안 연락이 닿지 않는 친구가 있으면 불안해한다. 작업 의뢰자건 동료들이건 상사건 이제는 모두 당연하다는 듯 개인 휴대폰 번호를 주고받고, 페이스북이나 그 밖의 순전히 사적이거나 순전히 업무적인 성격의 소통 채널을 이용한다. 약속 시간을 지키는 것도 오늘날에는 대부분 휴대폰에 의존한다. 일단 시간 틀에 대한 약속만 이루어지면 서로 융통성 있게 조정할 수 있다는 것이 암묵적 합의 사항이고, 모든 당사자들이 그것을 알기 때문에 서로 다른 사람들의 시간 문화에도 얼추 맞출 수 있다. 이런 일은 직업적 맥락에서는 대단히 어려운 과제다. 한편으로는 위계질서에도 신경을 써야 하고, 다른 한편으로는 자신의 시간 조직과 다른 사람의 사정을 절충할 수 있어야 하기 때문이다. 또한 우리는 아침에 일어나자마자 곧바로, 그리고 모든 일이 끝나고 마지막으로 다시 한 번 메일을 열어봐야 할 것 같은 내적 압박감도 느낀다.

전체적으로 이제 시간은 중세 때처럼 삶과 일에 확고한 질서의 틀을 제공하지 못한다. 중세 사람들은 무엇보다 연도와 날짜와 밤 시간의 질서에 따라, 기독교의 달력과 일요일들, 경축일들을 따라 움직였다. 그래서 결정을 내려야 한다는 압박으로부터 상당 부분 자유로웠고 미리 정해진 질서가 모든 이에게 통용되었다. 그들은 자연의 리듬과 신적 질서에 연결되어 있었다. 오늘날 서구 세계에서는 거의 상상도 할 수 없는 일이다. 겉보기에는 기술적 진보가 우리에게서 많은 수고를 덜어주었으니 시간도 여유로워졌을 것 같다. 그러나 현대의 가속화 과정은 묘한 역설을 하나 낳아놓았다. "기술적 도구들의 도움으로 점점 더 많은 시간을 벌지만, 그럼에도 불구하고 (혹은 바로 그 때문에?) 우리에게는 점점 더 시간이 모자란다." 철학자 크리스티안 드리에스의 말이다. 적어도 창조적인 일을 하는 사람들에게는 노동 세계가 삶의 세계 자체가 되어 있는데, 오늘날 우리는 전혀 멈추지 않는 노동 세계에 직면하고 있는 것이다. 창조적인 노동이 삶을 규정하는 것은 결코 염려해야 할 일이 아니다. 그러나 아직은 어린 이 포스트모던한 세계는 몇 가지 소아병을 앓고 있다. 그중 대표적인 것이 숨 돌릴 틈 없는 노동 문화의 호흡곤란 증상이다. 자신의 일에 빠져들듯 몰두하는 많은 사람들은 숨 쉴 공기를 너무 빨리 소모해버리는 것이다. 그것은 무엇을 위한 것일까?

—————— 6.03⟩  **더 많이 일하기 위해 시간을 벌다**

시간이 주는 압박감은 사적으로든 업무상으로든 너무나 많은 사람들이 경험하는 다반사이다. 그래서 시간관리시스템이 큰 인기를 끌고 있다. 대체로 그것은 실용적 성향의 미국으로부터 유입된 것으로 이론적인 면에는 그다지 신경을 쓰지 않는다. 쉽지는 않지만 충분히 달성할 수 있는 목표들을 설정하는 것이 핵심이다. 이 목표들을 하루를 시작할 때나 마

기술적 도구들의
도움으로 점점 더
많은 시간을 벌지만,
그럼에도 불구하고
점점 더 시간이 모자란다.
오늘날 우리는 전혀
멈추지 않는 노동 세계에
직면하고 있다.

무리할 때 기록하면서 완료한 일에는 체크 표시를 한다. 각 목표들을 우선순위에 따라 순서대로 배열하고, 하루의 업무는 사소한 일이 아니라 가장 중요한 과제부터 시작한다. 직관적으로 행동할 때는 무의식적으로 시간을 허비하는 경우가 많기 때문에 몇 분 시간을 내서 하루를 계획해두면 실제로 많은 시간을 벌 수 있다. 그러나 내면의 과도한 노동 충동은 시간관리시스템으로도 제어하지 못한다. 시간 관리를 통해 번 시간을 더 많이 일하는 데 사용하는 것이다. 그러므로 실질적으로 시간관리시스템은 우리에게 시간을 벌게 해주는 것이 아니라, 단지 시간을 최대한 활용하는 기술일 뿐이다. 그것은 생산성과 노동 밀도를 높이기는 하지만 노동 시간을 줄여주지는 않는다.

더 심각한 문제는 우리가 일을 놓지 못한다는 사실에, 그리고 스트레스는 외적인 부담감에서 온다고 믿는다는 점에 있다. 노동 세계가 제기하는 도전들의 수위는 매우 높지만 그것은 문제가 아니다. 오히려 내적인 스트레스 요인들이 그보다 더 중요할 것이다. 그런 요인들은 단순히 계획적으로 행동하는 것만으로 합리적으로 제거되지 않는다. 물론 시간관리시스템이 제공하는 요령이나 비법들을 침착하게 따르면 분명히 도움이 된다. 아침에 잠시라도 하루 전체를 놓고 그날의 일을 계획하는 사람은 정연하게 일을 처리할 수 있다. 계획한 것과 달리 진행되더라도 그것은 약속을 어긴 것이 아니라 단지 실제 삶과 부딪히는 일일 뿐이다. 시간 계획과 시간 최적화는 전적으로 진보와 향상,

합리적 최적화라는 이상들에 복무한다.

그러나 이런 식의 성장은 이미 오래 전에 한계에 도달했다. 그래서 요즘에는 다른 문화권에서 비롯된 수단들에서 큰 도움을 얻는다. 그 방법들은 일을 최적화하는 것이 아니라 사이사이 중단하게 하는 것이다. 어쩌면 노동 문화 전체를 변화시키는 것일 수도 있다. 물론 사무실에서 다시 술과 담배가 판치는 것을 원하는 사람은 아무도 없겠지만, 정신적으로 병들게 하는 노동 세계를 생각하면 술과 담배의 자리를 무엇으로 대신할 수 있을지 묻지 않을 수 없다. 우리가 조금이라도 숨을 돌릴 수 있도록 음식과 관련하여 짤막한 휴식을 취할 방법이 없을까? 이에 대해서는 시간관리시스템이 아니라 아시아에서 전통적으로 큰 역할을 해온 차 문화가 답을 줄 수 있다. 창조적인 노동의 일상에 차 문화가 도입된다면, 우리는 포스트모던한 스트레스를 외적으로뿐 아니라 내적으로도 해소하게 될 것이다.

~~~~~~~~~~ 6.04>  **일상의 짧은 여유, 차 마시기**

불교의 유명한 법문들을 보면 제자가 철학적으로 어려운 질문을 던질 때 스승은 종종 이렇게 말한다. "가서 차나 마셔라." 동양의 영적인 문화를 배우려 한다면 그 전통에서 차가 어떤 가치를 점하고 있는지를 이해해야 한다. "차의 철학은 단순히 차의 일상적 의미와 관련된 심미주의만이 아니다. 그것은 윤리, 종교와 더불어 우리의 전체적인 인간관과 자연관을 표현하는 것이다." 오카쿠라 가쿠조가 1906년에 『차의 책』에서 한 말이다. 이렇듯 '다도茶道'는 유럽에서 만연한 커피 마시기와는 비교할 수 없다. 물론 커피는 빈에 훌륭한 커피하우스들을 탄생시켰지만, 마시는 일과 영성을 결합할 수 있는 일상의 문화를 만들어내지는 못했다. 알프레드 폴가르는 유명한 '카페 센트랄'에 관한 글에서 "사람들은 혼자 있고 싶으면서도 함께할 사람들이 필요할 때 커피하우스에 간다."라고 썼다.

일본의 다도가 오늘날과 같은 형식을 갖춘 것은 16세기의 일로, 당시에는 전쟁이 벌어지던 시기에 평화운동의 일환으로 행해졌다. 찻집의 입구는 작은 내리닫이문으로 되어 있어서 당당한 장수도 칼을 내려놓고 몸을 숙여야만 안으로 들어갈 수 있었다. 그 안에서는 성별의 차이도 신분의 차이도 없었다. 오카쿠라 가쿠조에 따르면, 다도와 다도가는 예술과 미학뿐 아니라 삶의 방식 전체에도 영향을 미쳤다. 오늘날까지 이어지는 다도의 형식을 정립한 센노 리큐는 다도를 이렇게 요약했다."다도의 본질은 물을 끓이고 차를 우려서 마시는 것이다. 오직 그뿐이다." 이 단순함에는 불필요한 것은 다 걷어내고 본질적인 것만을 남기는 차 문화의 모든 비밀이 담겨 있다. 그리고 보다 일상적인, 그러니까 덜 엄격한 형식의 다도는 주의를 집중하여 차를 준비함으로써 정신없이 돌아가는 우리의 일상에서 짧은 휴식을 제공하기에 적합하다. 니코틴과 알코올과 달리 차는 포스트모던 시대의 문화를 견딜 수 있는 가능성을 제공한다. 중국에는 "차를 마시며 세상의 시름을 잊는다."라는 말이 있다.

**차의 효과**

모든 종류의 차는 카멜리아 시넨시스 Camellia sinensis라는 학명의 차나무에서 나오며, 차나무의 세 가지 변종의 잎으로 녹차와 홍차, 우롱차를 만든다. 가장 질 좋은 차나무는 중국과 인도, 일본에서 자란다. 동양에는 수백 년 전부터 차에 관한 책들이 있어서 그 자체로 하나의 장르를 이룰 정도다. 원래는 순전히 약품으로 쓰였기 때문에 차가 건강에 미치는 효능에 관해 수많은 전설 같은 이야기들이 전해진다. 대부분이 사실로 증명되었을 뿐만 아니라, 오늘날의 과학적 연구 결과들은 그 이야기들조차 능가한다. 그 내용은 무엇보다 녹차의 치료 효능에 관한 것이다.

차에는 이중의 효과가 있다. 카페인이 들어 있기 때문에 흥분시키는 효과가 있다. 그러나 이는 다른 성분들과의 화학적 조합 때문에 커피와는 다르게 작용한다. 커피는 심장혈관계를 곧바로 자극하는데, 이런 즉각적인 자극은 곧바로 실행을 저하시키는 결과를 낳는다. 반면 차는 중추신경계를 지속적으로 자극한다. 홍차는 타닌 성분을 함유하고 있어서 동시에 장기를 안정시키는 효과도 있는데, 특히 진한 아삼 차는 오래 우리면 이 효과가 더 강해진다. 슈투트가르트에서 '대나무다리Die Bambusbrücke'라는 중국 차 학교를 운영하고 있는 카를라 슈텐베르크와 후 시앙판은 이렇게 썼다. "차는 정신을 맑게 깨어 있게 하고 영감을 촉진하기 때문에 수도승들과 시인들이 매우 소중히 여기는 음료이다. 심지어 찻잎을 넣은 베개를 베고 자기도 한다." 동양의 더운 지방에 있는 나라들에서는 모두 차를 마시는데, 차는 몸을 덥히는 동시에 시원하게 만들 수 있다. 몸은 마신 차의 온도를 떨어뜨리는 데 에너지를 사용하는데, 실제로 측정해보면 피부에서 체온이 살짝 떨어지는 것을 알 수 있다.

일본의 차 재배 지역에서는 다른 지역에 비해 암으로 사망하는 사람의 수가 확연히 적다. 이 때문에 많은 연구가 진행되었고 실제로 차가 암 위험률을 낮춘다는 것이 증명되었다. 식품영양학자 오구노 이타로는 "특히 카테킨에 암 발생을 예방하는 동시에 억제하는 효과가 있다."고 확신한다. 게다가 이 성분은 콜레스테롤 수치와 혈당 수치 상승도 제한할 뿐 아니라 충치 박테리아와 독감 바이러스도 죽인다. 녹차에는 치아 건강에 유익한 불소와 비타민 C와 비타민 B도 함유되어 있다.

~~~~~~~~~ 6.06› **차를 우리는 완벽한 방법**

많은 사람들이 차를 꺼리는 것은 지금까지 질이 나쁘거나 다른 향을 첨가했거나 잘못된 방법으로 우린

차만을 맛보았기 때문이다. 보온병에 싸구려 티백을 담가뒀다가 세 시간 후에 미지근한 상태로 마신다면 아무리 우유나 설탕을 넣어도 맛을 살릴 수 없다.

차 문화 역시 선불교의 영향을 받았기 때문에 예술과 디자인 분야에서와 유사하게 차를 준비하는 일에서도 완벽함은 거부된다. 오카쿠라 가쿠조는 『차의 책』에서 이렇게 썼다. "차를 완벽하게 우리는 유일한 방법 같은 것은 없다. 차를 준비하는 방법은 찻잎의 종류에 따라, 특히 물과 온도와 관련하여 각자 다른 특징이 있다. 또한 차는 각자 특정한 기억들을 머금고 있으며, 각자의 고유한 방식으로 이야기를 들려준다. 그 안에는 언제나 진정한 아름다움이 담겨 있어야 한다." 몇 가지 처리법만 익히고 필요한 시간을 투자하면 매일 좋은 차를 준비하는 것도 크게 어려운 일이 아니며, 맛의 차이도 언제나 알아차릴 수 있을 것이다.

차에 관해 필요한 모든 정보는 차 전문점에서만 얻을 수 있으므로 좋은 차를 사려면 전문점으로 가야 한다. 거기서 추천해주는 것을 골라도 되는데 대개는 시음도 해볼 수 있다. 또 알맞은 물의 온도와 우리는 시간은 대부분 포장에 적혀 있다. 좋은 차는 우유와 설탕을 넣지 않고 마시는 것이 일반적이다. 홍차는 끓는 물을 붓고 1~5분 동안 우린다. 넓은 잎을 쓰는 다르질링 차는 1~3분 동안 우리며, 색이 짙고 입자가 잔 아삼 차는 2~3분을 우린다. 매우 강한 맛을 내는 찻잎들로 조합되어 각설탕과 우유

(또는 전통적으로는 특정한 종류의 생크림)를 넣어 마시는 <u>오스트프</u>
<u>리젠</u> 차를 마실 때는 최대 5분까지 우릴 수 있다. 재스민 꽃잎이
나 벚꽃 잎을 함께 넣어 만드는 중국의 방식을 제외하면 딱히 차
에 다른 향을 첨가할 필요는 없다. 녹차와 우롱차는 물의 온도와
우리는 시간이 다양한데, 녹차는 대개 70~80도의 물에서 1~2분
간 우린다. 그래서 물의 온도를 맞추기 위한 온도계도 필요하다.
한 번 우려낸 차를 다시 우릴 때는 우리는 시간을 점점 짧게 한
다. 차를 다 우렸으면 즉시 마셔야 한다.


~~~~~~~~~~~~ 6.07> **가서 차나 마셔라**

차를 조심스럽게 우려서 마시려면 어느
정도의 시간과 차분함이 필요하다. 차를 마시는 일상의 작은 의
식은 일을 잠시 중단할 적당한 계기가 되어준다. 차 끓이기를 마
음챙김 연습 삼아서 하려면 다도의 대가들이 말하는 오래된 가
르침을 준수해야 한다. "물을 끓이고 차를 우려서 마시는 것, 오
직 그것뿐이다." 한 번에 단 한 가지의 일만 하는 것은 우리의 초
조한 정신에게는 짐을 덜어주는 일인 동시에 수행이기도 하다.
허차서는 1597년에 쓴 『다소茶疏』에서 '마음이 불안정할 때'와
'오랫동안 책을 읽고 시를 썼을 때'를 차 마시기에 좋은 순간들
로 꼽았다. 창조적인 일을 하면 기운이 많이 소진되기 때문에,
잠시 일을 멈추고 차를 한 잔 마시면서 쉬면 기력도 다시 생기고

일에 대해서도 거리를 둘 수 있다. 또한 허차서는 차를 마시기에 적합하지 않은 경우로 '일할 때'와 '책을 읽고 공부할 때', 그리고 '심적 압박과 억압을 느낄 때', '편지를 쓸 때'를 들었다. 이러한 중세의 충고를 오늘날 우리의 업무 일상에 맞게 옮겨보자면, 일을 하는 동시에 자극적인 음료를 급하게 마시지 말아야 한다는 것이다. 하지만 커피는 이미 스트레스가 심한 일을 하는 동안 늘 우리의 정신을 활발하게 자극해주는 동반자가 되어 있다. 차를 마시려면 책을 읽든 이메일을 쓰든 그림을 그리든 레이아웃을 만들든 어떤 일을 하고 있었더라도 그 일을 중단해야 한다.

　　일상의 짧은 차 마시기 의식에서는 한편으로는 차 자체도 중요하지만, 아주 짧은 시간 동안이나마 그 순간에 해야 할 과제에서 놓여나 휴식을 취하는 일도 중요하다. 차를 마시며 쉬는 것처럼 그렇게 평범한 일이 하루 전체를 전혀 다른 색으로 물들일수 있다는 것은 우연이 아니다. 오카쿠라 가쿠조는 "다도 전체를 아우르는 이상은, 일상의 아주 작은 사건 안에도 커다란 의미가 있다고 보는 선적인 가치관의 산물"이라고 썼다. 숨 돌릴 틈 없이 바쁜 하루 중에 두 번 정도 휴식 시간을 갖고서 20분 동안 차분히 차를 끓이고 마셔본다면, 이 사소한 행동이 건강과 집중력 그리고 창조성에까지 어마어마한 영향을 미친다는 것을 깨닫게될 것이다. 일본에서는 '자기 경험에서 희비극'을 보는 감각이 없는 사람, 말하자면 매사를 너무 진지하게 받아들이는 사람을 '자기 안에 차를 갖고 있지 않는 사람'이라고 표현한다. 오카쿠라에 따르면 "또한 그와 반대로 넘쳐흐르는 분방한 감정에 휩쓸려 삶의 비극에 대해서는 전혀 고려하지 않는 사람들은 자기 안에 차를 너무 많이 갖고 있다고 표현한다." 결국 중요한 것은 알맞은 정도를 지키는 것이다.

아무 방해도 받지 않는 맑은 정신이란 무엇이냐는 제자의 질문에 스승이 "가서 차나 마셔라!"라고 말할 때, 그 말은 일상에 무한한 의미가 있음을 암시한다. 일상은 특별한 것이 아니라 평범한 것이다. 일상은 그냥 벌어지는 것이며, 거기에 어떤 드라마틱한 배경음악은 없다. 우리에게 병이 될 정도로 끊임없이 스트레스를 주는 일이 아주 큰 의미를 부여받게 되는 것은, 우리가 그 일에 온 세상이 달려 있는 것처럼 생각하기 때문이다. 우리는 미래에 대해 불안해하고, 현재에 대해 불만스러워하며, 과거에 대해 화를 낸다. 우리는 스스로 자신이 너무 창의적이지 않다거나 교양이 없다거나 운동을 못한다거나 매력이 없다거나 너무 가난하거나 너무 게으르다고 생각하기 때문에 자기 자신과 편안한 관계를 맺지 못한다. 이 스펙트럼의 반대쪽 끝에는 무한한 자만심과 자기중심성과 자기애가 자리 잡고 있다.

우리는 모두 자신의 중도를 찾아야 한다. 그곳은 평온하고 소박한 곳이다. 선사 샬럿 조코 벡은 한 강연에서 "나날의 삶을 제외하면 아무것도 존재하지 않는다."라고 말했다. 우리가 창조적인 노동과 창조적인 삶을 더 이상 분리하지 않기로 했다면, 이 문장은 이렇게 바꿔볼 수 있겠다. 나날의 노동을 제외하면 아무엇도 존재하지 않는다! 우리는 그 사실을 종종 잊어버리는 것 같다. 창조라는 것을 아주 대단한 일로 여기기 때문이다. 하지만 창조성은 성스러운 후광을 씌워줄 만한 것이 아니다. 그것은 삶에 속한 것이다. 많은 이들에게는 그 이상이기도 하고, 또 어떤 이들에게는 그에 미치지 못한다. 그리고 소수의 어떤 사람들에게는 삶의 중심점이다. 그러나 그렇다고 해도 결국 삶은 짧고 무상하다. 도전적인 과제들의 중압감 속에서 그 사실을 잊지 않으려면 우리는 멈추는 법을 배워야만 한다. 그러므로 일의 예술이 무엇인지 묻는 질문에 대한 가장 좋은 답은 이것이다.

가서 차나 마셔라!

◆

Adorno, Theodor W.
　　*Kulturkritik und Gesellschaft*. 2. Bde. Suhrkamp, Frankfurt/Main: 2003.

Aitken, Robert
　　*Zen als Lebenspraxis*. Diederichs, Kreuzlingen/München: 2003.

Altmann, Petra / Lechner, Odilo
　　*Leben nach Maß. Die Regel des heiligen Benedikt für Menschen von heute*.
　　Herder, Freiburg: 2009.

Arendt, Hannah
　　*Vita activa oder vom tätigen Leben*. Piper, München: 2002. 한국어판: 『인간의
　　조건』(한길사, 2002)

Armbruster, Jürgen U. A. (HG.)
　　*Spiritualität und seelische Gesundheit*. Psychiatrie Verlag, Köln: 2013.

◆

Bandelow, Borwin
　　*Das Angstbuch: Woher Ängste kommen und wie man sie bekämpfen kann*.
　　Rowohlt, Reinbek: 2006. 한국어판: 『불안, 그 두 얼굴의 심리학』(뿌리와이파리,
　　2008)

Bandelow, Borwin
　　*Celebrities: Vom schwierigen Glück, berühmt zu sein*. Rowohlt, Reinbek:
　　2007. 한국어판: 『스타는 미쳤다』(지안, 2009)

Bandelow, Borwin
　　*Wenn die Seele leidet: Handbuch der psychischen Erkrankungen*. Rowohlt,
　　Reinbek: 2011. 한국어판: 『정신과 의사가 들려주는 마음의 병 23가지』(교양인,
　　2014)

Barthes, Roland
: *Wie zusammen leben.* Suhrkamp, Frankfurt/Main: 2007. 한국어판: 『어떻게 더불어 살 것인가』(동문선, 2004)

Bartmann, Christoph
: *Leben im Büro: Die schöne neue Welt der Angestellten.* Hanser, München: 2012.

Batchelor, Stephen
: *Bekenntnisse eines unglaubigen Buddhisten.* Herder, Freiburg: 2012. 한국어판: 『어느 불교무신론자의 고백』(궁리, 2014)

Bayda, Ezra
: *Zen oder die Kunst, einen Weg aus den Sümpfen des Alltags zu finden.* Arbor, Freiburg: 2008.

Bayda, Ezra
: *Zen sein-Zen leben.* Goldmann, München: 2003.

Beck, Charlotte Joko
: *Zen im Alltag.* Goldmann, München: 2011. 한국어판: 『가만히 앉다』(판미동, 2014)

Berzbach, Frank
: *Der Tod als heimliches Schnittmuster.* In: Kugler, I. / Isenbort, G.: Fashion talks. Museum für Kommunikation, Berlin: 2011, S. 232-239.

Berzbach, Frank
: *Der innere Käfig.* In: sushi 14. Hg. Art Directors Club Deutschland. HfG Offenbach, Ludwigburg: 2012.

Berzbach, Frank
: *Kreativität aushalten: Psychologie für Designer.* Verlag Hermann Schmidt, 3. Auflage, Mainz: 2012. 한국어판: 『창조성을 지켜라』(안그라픽스, 2012)

Betz, Hans Dieter U. A. (HG.)
: *Religion in Geschichte und Gegenwart: Handwörterbuch für Theologie und Religionswissenschaft.* (RGG). Mohr Siebeck, 4. Auflage, Tubingen: 1998.

Beuys, Joseph
: *Sprechen über Deutschland.* FIU: Wangen/Allgau: 2002.

Beuys, Joseph
: *Mein Dank an Lehmbruck. Eine Rede.* Schirmer & Mosel: München: 2006.

Beuys, Eva (HG.)
: *Joseph Beuys. Das Geheimnis der Knospe zarter Hülle. Texte 1941-1986, Schriftblätter aus dem Nachlass.* Schirmer & Mosel, München: 2002.

Bieri, Peter
    *Wie wollen wir leben?* Residenz, Salzburg: 2011. 한국어판:『자기 결정』
    (은행나무, 2015)

Boden, Uwe
    *Ästhetik als vierte Säule der Nachhaltigkeit.* In: Kap # 4, 2009.

Bottini, Oliver
    *Das große O. W. Barth-Buch des Zen.* Barth, Frankfurt/Main: 2010.

Brantschen, Niklaus / Gyger, Pia
    *Via Integralis. Wo Zen und christliche Mystik sich begegnen: Ein Übungsweg.*
    Kösel, München: 2011.

Brantschen, Niklaus
    *Auf dem Weg des Zen: Als Christ Buddhist.* Kösel, 4. Auflage, München:
    2007.

Brenner, Andreas / Zirfas, Jörg
    *Lexikon der Lebenskunst.* Reclam, Leipzig: 2002. 한국어판:『삶의 기술
    사전』(문학동네, 2015)

Brinker, Helmut
    *Zen in der Kunst des Malens.* Barth, Frankfurt/Main: 2000.

Bucher, Anton A.
    *Psychologie der Spiritualität.* Beltz PVU, Weinheim: 2007. 한국어판:
    『영성심리학』(동연, 2013)

Bunge, Gabriel
    *Akedia: Die geistliche Lehre des Evagrios Pontikos vom Überdruss.* Der
    christliche Osten (Verlag), 6. Auflage, Würzburg: 2009.

Bunge, Gabriel
    *Drachenwein und Engelsbrot. Die Lehre des Evagrios Pontikos von Zorn und
    Sanftmut.* Der christliche Osten (Verlag), Würzburg: 1999.


    ◆


Cacioppo, John T. / Patrick, William
    *Einsamkeit. Woher sie kommt, was sie bewirkt, wie man ihr entrinnt.*
    Spektrum, Heidelberg: 2012. 한국어판:『인간은 왜 외로움을
    느끼는가』(민음사, 2013)

Cage, John
    *Silence.* Suhrkamp, Frankfurt/Main: 1995. 한국어판:『사일런스』(오픈하우스,
    2014)

Crawford, Matthew B.
*Ich schraube, also bin ich. Vom Glück, etwas mit den eigenen Händen zu schaffen.* Ullstein, Berlin: 2010. 한국어판: 『모터사이클 필로소피』(이음, 2010)

◆

Dalai Lama / Ekman, Paul
*Gefühl und Mitgefühl: Emotionale Achtsamkeit und der Weg zum seelischen Gleichgewicht.* Spektrum, Heidelberg: 2009.

Dalai Lama
*Meine spirituelle Autobiographie.* Diogenes, Zurich: 2009. 한국어판: 『달라이 라마 나는 미소를 전합니다』(고즈윈, 2011)

Duhigg, Charles
*Die Macht der Gewohnheit. Warum wir tun, was wir tun.* Berlin Verlag, Berlin: 2012. 한국어판: 『습관의 힘』(갤리온, 2012)

◆

Ehn, Billy / Löfgren, Orvar
*Nichtstun. Eine Kulturanalyse des Ereignislosen und Flüchtigen.* Hamburger Edition, Hamburg: 2012. 한국어판: 『아무것도 하지 않는 순간에 일어나는 흥미로운 일들』(지식너머, 2013)

Ehrenberg, Alain
*Das erschöpfte Selbst: Depression und Gesellschaft in der Gegenwart.* Suhrkamp, Frankfurt/Main: 2008.

Ennenbach, Matthias
*Buddhistische Psychotherapie. Ein Leitfaden für heilsame Veränderungen.* Windpferd, Oberstdorf: 2010.

Enomiya-Lassalle, Hugo M.
*Kraft aus dem Schweigen.* Patmos, Dusseldorf: 2005.

Enomiya-Lassalle, Hugo M.
*Zen-Meditation für Christen.* Barth, Frankfurt/Main: 2005.

Esposito, Elena
*Die Verbindlichkeit des Vorübergehenden. Paradoxien der Mode.* Suhrkamp, Frankfurt/Main: 2004.

◆

Fellmann, Ferdinand
　　*Philosophie der Lebenskunst. Zur Einführung.* Junius, Hamburg: 2009.
　　한국어판:『행복의 철학사』(시와진실, 2012)

Fischer, Knut / Smerling, Walter
　　*Joseph Beuys im Gespräch.* Kunst Heute Nr. 1, Kiepenheuer & Witsch, Koln:
　　1989.

Foer, Jonathan Safran
　　*Tiere essen.* Kiepenheuer & Witsch, 11. Auflage, Köln: 2010. 한국어판:
　　『동물을 먹는다는 것에 대하여』(민음사, 2011)


◆

Gai, Wang / Liu-fang, Li
　　*Der Senfkorngarten. Lehrbuch der chinesischen Malerei.* 2 Bde. Otto Maier,
　　Ravensburg: 1987.

Gazzaniga, Michael
　　*Die Ich-Illusion. Wie Bewusstsein und freier Wille entstehen.* Hanser,
　　München: 2012. 한국어판:『뇌로부터의 자유』(추수밭, 2012)

Glassman, Bernard
　　*Anweisungen für den Koch: Lebensentwurf eines Zen-Meisters.* Goldmann,
　　München: 1999. 한국어판:『선, 삶의 요리법』(불일출판사, 2000)

Glassman, Bernard
　　*Das Herz der Vollendung: Unterweisungen eines westlichen Zen-Meisters.* dtv,
　　München: 2006.

Glassman, Bernard
　　*Zeugnis ablegen: Buddhismus als engagiertes Leben.* Theseus, Berlin: 2001.

Golemann, Daniel U. A.
　　*Kreativität entdecken.* Hanser, München: 1997.

Grün, Anselm
　　*Der Anspruch des Schweigens.* Vier-Türme-Verlag, Münsterschwarzach:
　　2006.

Grün, Anselm
　　*Auf dem Weg: Zu einer Theologie des Wanderns.* Vier-Turme-Verlag, 11.
　　Auflage, Munsterschwarzach: 2008.

Grün, Anselm
　　*Exerzitien für den Alltag.* Vier-Turme-Verlag, Munsterschwarzach: 2009.
　　한국어판:『행복한 기도』(생활성서사, 2007)

◆

Habito, Ruben
    *Zen leben-Christ bleiben.* O.W. Barth, Frankfurt/Main: 2006.

Hadot, Pierre
    *Philosophie als Lebensform: Antike und moderne Exerzitien der Weisheit.*
    Fischer, Frankfurt/Main: 2002.

Hammer, Matthias
    *Das innere Gleichgewicht finden: Achtsame Wege aus der Stressspirale.*
    Balance, Bonn: 2009.

Hanh, Thich Nhat
    *Lächle deinem eigenen Herzen zu. Wege zu einem achtsamen Leben.* Herder,
    Freiburg: 1999.

Hanh, Thich Nhat
    *Ärger: Befreiung aus dem Teufelskreis destruktiver Emotionen.* Goldmann, 5.
    Auflage, München: 2007. 한국어판: 『화』(명진출판사, 2013)

Hanh, Thich Nhat
    *Nimm das Leben ganz in deine Arme: Die Lehre des Buddha über die Liebe.*
    dtv, 2. Auflage, München: 2007. 한국어판: 『사랑의 가르침』(열림원, 2003)

Harlan, Volker
    *Was ist Kunst? Werkstattgespräch mit Beuys.* Urachhaus, 6. Auflage,
    Stuttgart: 2001.

Haubl, Rolf
    *Allein bei sich, außer sich: einsam.* In: Karsten Munch u. a.: *Die Fähigkeit,*
    *allein zu sein.* Psychosozial Verlag, Gießen: 2009.

Hengsbach, Friedhelm
    *Die Zeit gehört uns: Widerstand gegen das Regime der Beschleunigung.*
    Westend, Frankfurt/Main: 2012.

Herrigel, Eugen
    *Zen in der Kunst des Bogenschießens/Der Zen-Weg.* Fischer, Frankfurt/Main:
    2004. 한국어판: 『마음을 쏘다, 활』(걷는책, 2012)

Herzog, Hal
    *Wir streicheln und wir essen sie: Unser paradoxes Verhältnis zu Tieren.*
    Hanser, München: 2012. 한국어판: 『우리가 먹고 사랑하고 혐오하는
    동물들』(살림, 2011)

Hsiang-fan, Hu / Steenberg, Carla
    *Das Geheimnis des Tees.* Kamphausen, Berlin: 2009.

◆

Immerfall, Stefan / Wasner, Barbara
   *Freizeit.* UTB/Barbara Budrich, Opladen u. a.: 2011.

Inoue, Yasushi
   *Das Jagdgewehr. Roman.* Suhrkamp, Frankfurt/Main: 2007.

Inoue, Yasushi
   *Der Tod des Teemeisters. Roman.* Suhrkamp, Frankfurt/Main: 2008.


◆

James, William
   *Die Vielfalt religiöser Erfahrung.* Insel, Frankfurt/Main: 1997. 한국어판:
   『종교적 경험의 다양성』(한길사, 2002)


◆

Kabat-Zinn, John
   *Gesund durch Meditation.* Fischer, 6. Auflage, Frankfurt/Main 2009.
   한국어판: 『마음챙김 명상과 자기치유 上, 下』(학지사, 2005)

Kabat-Zinn, John
   *Im Alltag Ruhe finden: Meditationen für ein gelassenes Leben.* Knaur,
   München: 2010. 한국어판: 『존 카밧진의 마음챙김 명상』(물푸레, 2013)

Kabat-Zinn, John
   *Mit Kindern wachsen: Die Praxis der Achtsamkeit in der Familie.* Arbor, 6.
   Auflage, Freiburg: 2011.

Kabat-Zinn, John
   *Zur Besinnung kommen: Die Weisheit der Sinne und der Sinn der Achtsamkeit
   in einer aus den Fugen geratenen Welt.* Arbor, Freiburg: 2008.

Kafka, Franz
   *Tagebücher 1910-1923.* Fischer, Frankfurt/Main: 1992.

Kahneman, Daniel
   *Schnelles Denken, langsames Denken.* Siedler, München: 2011. 한국어판:
   『생각에 관한 생각』(김영사, 2012)

Kapleau, Philip
   *Die drei Pfeiler des Zen: Lehre, Übung, Erleuchtung.* Barth, 16. Auflage,
   Frankfurt/Main: 2009.

Kast, Bas
   *Wie der Bauch dem Kopf beim Denken hilft. Die Kraft der Intuition.* Fischer,
   Frankfurt/Main: 2007.

Kawabata, Yasunari
> *Tausend Kraniche: Roman.* dtv, München: 1989. 한국어판:『천 마리 학』(을유문화사, 2010)

Kawakami, Hiromi
> *Der Himmel ist blau, die Erde ist weiß.* Roman. Hanser, München: 2008. 한국어판:『선생님의 가방』(청어람미디어, 2003)

Kenko, Yoshida
> *Betrachtungen aus der Stille, Tsurezuregusa.* Insel, Frankfurt/Main: 1963. 한국어판:『쓰레즈레구사』(문, 2010)

Khema, Ayya
> *Buddha ohne Geheimnis. Die Lehre für den Alltag.* Theseus, Berlin: 1986.

Klein, Nancy Maquire
> *In der Stille vieler kleiner Stunden. Fünf Kartäuser-Novizen auf der Suche nach Gott.* Arkana/Goldmann, München: 2007.

Knuf, Andreas
> *Ruhe da oben!: Der Weg zu einem gelassenen Geist.* Arbor, Freiburg: 2010.

Koren, Leonard
> *Wabi-sabi für Künstler, Architekten und Designer: Japans Philosophie der Bescheidenheit.* Wasmuth, Tübingen: 2007.

Kornfield, Jack
> *Das weise Herz. Die universellen Prinzipien buddhistischer Psychologie.* Goldmann/Arkana, 3. Auflage 2008.

Kornfield, Jack
> *Frag den Buddha und geh den Weg des Herzens. Fernöstliche Lehren für den westlichen Alltag.* Kösel, 8. Auflage, München: 2012. 한국어판:『마음의 숲을 거닐다』(한언출판사, 2006)

Kornfield, Jack
> *Nach der Erleuchtung Wäsche waschen und Kartoffeln schälen: Wie spirituelle Erfahrung das Leben verändert.* Goldmann, München: 2010. 한국어판:『깨달음 이후 빨랫감』(한문화, 2012년)

Kornfield, Jack
> *Das innere Licht entdecken: Heilende Meditationen für schwierige Lebensphasen.* Kosel, 2. Auflage, München: 2012. 한국어판:『어려울 때 힘이 되는 8가지 명상』(불광출판사, 2013)

◆

Lambert, Willi
　　*Aus Liebe zur Wirklichkeit: Grundworte ignatianischer Spiritualität.* Topos, 8.
　　Auflage, Kevelaer: 2008.

Levine, Robert
　　*Eine Landkarte der Zeit. Wie Kulturen mit Zeit umgehen.* Piper, München/
　　Zürich: 1997. 한국어판:『시간은 인간을 어떻게 지배하는가』(황금가지, 2000)

Li, Lykke
　　*Youth Novels.* 2LP, Atlantic Recording, New York: 2008.

Litsch, Franz-Johannes
　　*Die Bedeutung der Arbeit im Buddhismus. Vortragsskript zur Tagung
　　≫Religion prägt Arbeit-prägt Arbeit Religion?≪,* Evangelische Akademie,
　　Bad Boll: 2008

Loori, John Daido
　　*Das Zen der Kreativität.* Theseus, Berlin: 2006.

Ludwig, Arnold
　　*The price of greatness: Resolving the Creativity and Madness
　　Controversy.* Guilford Press, New York: 1995. 한국어판:『천재인가
　　광인인가』(이화여자대학교출판부, 2007)

Lyobomirsky, Sonja
　　*Glücklich sein.* Campus, Frankfurt/Main: 2008. 한국어판:『How to be
　　happy-행복도 연습이 필요하다』(지식노마드, 2007)


◆

Maezumi, Taizen
　　*Das Herz des Zen.* Theseus, Berlin: 2002.

Mann, Thomas
　　*Tagebücher.* 10 Bde. Sonderausgabe, S. Fischer, Frankfurt/Main: 1997.

Marquard, Odo
　　*Skepsis und Zustimmung Philosophische Studien.* Reclam, Stuttgart: 1994.

Matthews, Anthony
　　*Auf dem Weg des Buddhas. Durch Meditation zu Glück und Erkenntnis.*
　　Herder, Freiburg: 2010.

Menke, Christoph/Rebentisch, Juliane (HG.)
　　*Kreation und Depression: Freiheit im gegenwärtigen Kapitalismus.* Kadmos,
　　Berlin: 2012.

Merton, Thomas
*Der Berg der sieben Stufen. Autobiographie.* Benzinger, Zürich u.a.: 1985.
한국어판: 『칠층산』(바오로딸, 2009)

Merton, Thomas
*Der Mönch der sieben Stufen.* Tagebücher. Patmos, Düsseldorf: 2000.

Merton, Thomas
*Im Einklang mit sich und der Welt. Contemplation in a World of Action.*
Diogenes, Zürich: 1992.

Merton, Thomas
*Meditationen eines Einsiedlers-Über den Sinn von Meditation und*
*Einsamkeit.* Benziger, 3. Auflage, Zürich u.a.: 1984.

Münch, Karsten u. a. (HG.)
*Die Fähigkeit, allein zu sein. Zwischen psychoanalytischem Ideal und*
*gesellschaftlicher Realität.* Psychosozial Verlag, Gießen: 2009.


◆

Nachmanovitch, Stephen
*Das Tao der Kreativität. Schöpferische Improvisation in Leben und Kunst.*
Barth/Fischer, Frankfurt/Main: 2008. 한국어판: 『놀이, 마르지 않는 창조의
샘』(에코의서재, 2008)

Nakagawa, Fumon S.
*Zen, weil wir Menschen sind.* Theseus, Berlin: 1997.

Nouwen, Henri J. M.
*Ich hörte auf die Stille: Sieben Monate im Kloster.* Herder, Freiburg: 2001.
한국어판: 『제네시 일기』(포이에마, 2010)


◆

Obermayer, Karl
*Zurück zur reinen Quelle: Zen-Einsichten und Kalligraphien.* Theseus, Berlin:
2004.

Ohtsu, Daizohkutsu R.
*Der Ochs und sein Hirte: Eine altchinesische Zen-Geschichte.* Klett-Cotta,
Stuttgart: 1958.

Okakura, Kakuzo
*Das Buch vom Tee.* Insel, 3. Auflage, Frankfurt/Main: 2002. 한국어판: 『차의
책』(산지니, 2009)

◆

Panikkar, Raimon
*Den Mönch in sich entdecken.* Kösel, München: 1989.

Peterson, C. / Seligman, M. E. P.
*Character strengths and virtues.* Oxford University Press, New York:
2004 / zitiert nach: Anton Bucher: 2009. 한국어판: 『성격 강점과 덕목의
분류』(한국심리상담연구소, 2009)

Picard, Max
*Die Welt des Schweigens.* Fischer, Frankfurt/Main: 1959. 한국어판: 『침묵의
세계』(까치, 2010)

Pirsig, Robert M.
*Zen und die Kunst ein Motorrad zu warten: Ein Versuch über Werte.* Fischer,
Frankfurt/Main: 1978. 한국어판: 『선과 모터사이클 관리술』(문학과지성사,
2010)

Ponticus, Evagrius
*Die große Widerrede. Antirrhetikos.* Vier-Türme-Verlag, Munsterschwarzach:
2010.

Post, F.
*Creativity and psychopathology. A study of 291 world-famous men.* The
British Journal of Psychiatry (1994), 165: p. 22-.34.

Püschel, Edith
*Selbstmanagement und Zeitplanung.* UTB/Schoningh, Paderborn: 2010.


◆


Rahner, Karl / Felger, Andreas
*Von der Gnade des Alltags.* Herder, Freiburg: 2006.

Rahner, Karl
*Grundkurs des Glaubens: Einführung in den Begriff des Christentums.*
Herder, Freiburg: 2013.

Ricard, Matthieu
*Glück.* Knaur, München: 2007. 한국어판: 『행복, 하다』(현대문학, 2012)

Richard, Ursula
*Stille in der Stadt: Ein City-Guide für kurze Auszeiten und überraschende
Begegnungen.* Kösel, München: 2011.

Rosa, Hartmut
*Beschleunigung.* Suhrkamp, 9. Auflage, Frankfurt/Main: 2005.

Ruppert, Fidelis / Grün Anselm
  *Bete und arbeite: Eine christliche Lebensregel.* Vier-Turme-Verlag, 8. Auflage, Münsterschwarzach, 2003.

◆

Sahn, Seung
  *Der Kompass des Buddhismus. Orientierung auf dem Weg.* Theseus, Berlin: 2002. 한국어판:『선의 나침반』(김영사, 2010)

Sawaki, Kodo
  *Tag für Tag ein guter Tag.* Angkor, Frankfurt/Main: 2008.

Sawaki, Kodo
  *Zen ist die größte Lüge aller Zeiten.* Angkor, Frankfurt/Main: 2005.

Schafer, Murray R.
  *Die Ordnung der Klänge. Eine Kulturgeschichte des Hörens.* Schott, Berlin: 2010. 한국어판:『사운드스케이프—세계의 조율』(그물코, 2008)

Schirmer, Lothar
  *Joseph Beuys: eine Werkübersicht.* Schirmer & Mosel: München u.a.: 2001.

Schmid, Wilhelm
  *Mit sich selbst befreundet sein.* Suhrkamp, Frankfurt/Main: 2004.

Schmid, Wilhelm
  *Schönes Leben? Einführung in die Lebenskunst.* Suhrkamp, Frankfurt/Main: 2005.

Schmid, Wilhelm
  *Philosophie der Lebenskunst. Eine Grundlegung.* Frankfurt/Main: 1998.

Schmid, Wilhelm
  *Glück.* Insel, Frankfurt/Main: 2007. 한국어판:『살면서 한번은 행복에 대해 물어라』(더좋은책, 2012)

Schöpf, Alois
  *Glücklich durch Gehen: Über die Heilkraft des Bergwanderns.* Limbus, Innsbruck: 2012.

Schumann, Hans Wolfgang
  *Handbuch Buddhismus.* Diederichs, 2. Auflage, Kreuzlingen/Munchen: 2008.

Sennett, Richard
  *Handwerk.* Hauser, München: 2008. 한국어판:『장인』(21세기북스, 2010)

Seubold, Günter / Schmaus, Thomas (HG.)
*Ästhetik des Zen-Buddhismus.* DenkMal, Alfter: 2011.

Shapiro, Shauna / Carlson, Linda
*Die Kunst und Wissenschaft der Achtsamkeit. Die Integration von
Achtsamkeit in Psychologie und Heilberufe.* Arbor, Freiburg: 2011. 한국어판:
『예술과 과학이 융합된 마음챙김』(학지사, 2014)

Shepherd-Kobel, Katharina
*Zen in der Kunst der Tuschmalerei.* Theseus, Berlin: 2005.

Shusterman, Richard
*Leibliche Erfahrung in Kunst und Lebensstil.* Akademie Verlag, Berlin: 2005.
한국어판: 『삶의 미학』(이학사, 2012)

Singer, Wolf / Ricard, Matthieu
*Hirnforschung und Meditation.* Suhrkamp, Frankfurt/Main: 2008.

Sloterdijk, Peter
*Der ästhetische Imperativ: Schriften zur Kunst.* EVA, Hamburg: 2007.

Sloterdijk, Peter
*Du musst dein Leben ändern.* Suhrkamp, Frankfurt/Main: 2009.

Soshitsu, Sen
*Der Geist des Tees.* Theseus, Berlin: 2004.

Soshitsu, Sen
*Ein Leben auf dem Teeweg.* Theseus, Zürich/München: 1991.

Stachelhuas, Heiner
*Joseph Beuys.* Ullstein/List, 2. Auflage, Berlin: 2006.

Strässle, Thomas
*Gelassenheit: Über eine andere Haltung zur Welt.* Hanser, München: 2013.

Stüttgen, Johannes
*Der Ganze Riemen. Joseph Beuys-der Auftritt als Lehrer an der
Kunstakademie Düsseldorf 1966-72.* Konig, Koln: 2008.

Suzuki, Daisetz T.
*Die große Befreiung.* O.W. Barth, Frankfurt/Main: 2005.

Suzuki, Daisetz T.
*Zen und die Kultur Japans.* Rowohlt, Reinbek: 1958.

Suzuki, Shunryu
*Zen-Geist Anfänger-Geist. Unterweisung in Zen-Meditation.* Herder,
Freiburg: 2009. 한국어판: 『선심초심』(김영사, 2014)

Suzuki, Shunryu
    *Leidender Buddha-Glücklicher Buddha: Zen-Unterweisungen.* Theseus,
    Bielefeld: 2009.

Szeemann, Harald (HG.)
    *Beuysnobiscum.* Philo Fine Arts / EVA, Hamburg: 2008.


◆

Tanizaki, Jun'ichiro
    *Lob der Meisterschaft.* Manesse, Zürich: 2010.

Tanizaki, Jun'ichiro
    *Lob des Schattens.* Manesse, Zürich: 2010. 한국어판:『그늘에 대하여』(눌와,
    2005)

Tillich, Paul
    *Der Mut zum Sein.* Furche, Hamburg: 1965. 한국어판:『존재의 용기』
    (예영커뮤니케이션, 2006)

Triggs, Oscar Lovell
    *Arts & Crafts.* Sirocco, London: 2009.

Trungpa, Chögyam
    *Achtsamkeit, Meditation und Psychotherapie: Einführung in die buddhistische
    Psychologie.* Arbor, Freiburg: 2006.

Turkle, Sherry
    *Verloren unter 100 Freunden. Wie wir in der digitalen Welt seelisch
    verkümmern.* Riemann, München: 2012. 한국어판:『외로워지는
    사람들』(청림출판, 2012)


◆

Von Brück, Michael
    *Einführung in den Buddhismus.* Verlag der Weltreligionen, Frankfurt/Main:
    2007.

Von Brück Michael
    *Wie können wir Leben? Religion und Spirituälitat in einer Welt ohne Maß.*
    Beck, München: 2009.

Von Brück, Michael
    *Zen. Geschichte und Praxis.* Beck Wissen, 2. Auflage, München: 2007.

◆

Wafu Nishijima, Gudo
   *Dogen. Die Schatzkammer der wahren Buddhistischen Weisheit.* O.W. Barth,
   Frankfurt/Main: 2005.

Walach, Harald
   *Spiritualität: Warum wir die Aufklärung weiter führen müssen.* Drachen,
   Klein Jasedow: 2011.

Warner, Brad
   *Hardcore Zen.* Punk Rock, Monsterfilme & die Wahrheit über Alles.
   Aurum, 2. Auflage, 2010.

Watts, Alan
   *Zen-Stille des Geistes.* Theseus, Stuttgart: 2001.

Welsch, Wolfgang
   *Ästhetisches Denken.* Reclam, 5. Auflage, Stuttgart: 1998.

Welsch, Wolfgang
   *Grenzgänge der Ästhetik.* Reclam, Stuttgart: 1996.

Werle, Josef M.
   *Klassiker der philosophischen Lebenskunst.* Von der Antike bis zur
   Gegenwart. Goldmann, München: 2000.

Will, Herbert U.A.
   *Depression: Psychodynamik und Therapie.* Kohlhammer, 3. Auflage,
   Stuttgart: 2008.

Williams, Mark/ Kabat-Zinn U. A.
   *Der achtsame Weg durch die Depression.* Arbor, Freiburg: 2009.
   한국어판:『우울증을 다스리는 마음챙김 명상』(사람과 책, 2013)

Wittchen, Hans-Ulrich
   *Handbuch Psychische Störungen.* PVU Beltz: 2. Auflage, 1998.

Woolf, Virginia
   *Ein eigenes Zimmer. Drei Guineen. Zwei Essays.* S. Fischer, Frankfurt/Main:
   2001. 한국어판: 『자기만의 방』(민음사, 2006)


◆

Zizek, Slavoj
   *Das fragile Absolute. Warum es sich lohnt, das christliche Erbe zu verteidigen.*
   Volk & Welt, Berlin: 2000. 한국어판: 『무너지기 쉬운 절대성』(인간사랑, 2004)

저자   프랑크 베르츠바흐 박사는 1971년에 태어났고, 쾰른에서 심리학과 철학,
     문화교육학을 강의하고 있다. Heilig/Profan. Lesetagebuch(신성한/세속적인
     독서일기)'라는 서평 포털을 운영하고 있다. 성공적인 첫 저서인 『창조성을
     지켜라－디자이너를 위한 심리학』은 여러 나라에서 번역되었다.

옮긴이  정지인은 부산대학교 독어독문학과를 졸업하고 영어와 독일어로 된 책을
     옮기는 일을 하고 있다. 옮긴 책으로는 『무신론자의 시대』, 『불가능을 이겨낸
     아이들』, 『종교가 된 사적인 고민들』, 『죽기 전에 꼭 봐야 할 영화 1001』,
     『멀어도 얼어도 비틀거려도』, 『사물의 언어』, 『군인은 죽음기를 어떻게
     수리하는가』, 『르네상스의 마지막 날들』 등이 있다.

# 무엇이
## 삶을
### 예술로 일상을 창조적 순간들로
경험하는 기술
#### 만드는가

2016년 5월 27일 초판 1쇄 발행
2020년 12월 7일 초판 6쇄 발행


지은이 프랑크 베르츠바흐 • 옮긴이 정지인
발행인 박상근(至弘) • 편집인 류지호 • 상무이사 양동민 • 편집이사 김선경
편집 이상근, 김재호, 양민호, 김소영 • 디자인 쿠담디자인
제작 김명환 • 마케팅 김대현, 정승채, 이선호 • 관리 윤정안
펴낸 곳 불광출판사 (110-140) 서울시 종로구 우정국로 45-13, 3층
        대표전화 02) 420-3200 편집부 02) 420-3300 팩시밀리 02) 420-3400
        출판등록 제300-2009-130호(1979. 10. 10.)

ISBN  978-89-7479-319-7 (03190)